35년

세계는 우리는

박 시 백 작 품

VIOHBTT
ViaBook Publisher

제1차 세계대전 : 사라예보사건

사라예보에서 울린 총성은 제국주의 열강 간의 갈등을 폭발시키며 제1차 세계대전을 가져왔다. 탱크, 잠수함 등 신무기가 등장했고, 국가의 모든 인력과 물자가 총동원되는 총력전이 펼쳐졌다.

신해혁명 : 후베이 군정부 창립 선포

1911년 10월 우창의 신군 봉기가 일어난다. 쑨원이 임시대총통으로 추대되었고, 1912년 아시아 최초의 공화국인 중화민국이 수립되었다.

	1910	1911	1912
우리는	국권피탈	105인사건	토지조사령
세계는	멕시코혁명	신해혁명	다이쇼 데모크라시

35년

1910년대 전반, 세계는 우리는

다이쇼 데모크라시 : 제1차 호헌운동

1905년 러일전쟁의 강화조약에 반대해 시민운동이 일어나고, 1913년 제1차 호헌운동으로 제국주의 색채가 약화되며 민주화로 나아갔다. 1914~1918년 지방 중소도시에서는 중간 계층 중심으로 보통선거가 요구됐다.

1913	흥사단 조직 위안스카이 대총통 취임
1914	대한광복군 정부 수립 제1차 세계대전 발발
1915	대한광복회 조직 21개조 조인

1910년대 전반, 세계는

메이지유신 후 일본 정계의
주도 세력은 조슈번과 사쓰마번
출신들이었다.

메이지유신의 주도 세력이었던 그들은 이후 번벌(藩閥)을 이루어
제1차 세계대전까지의 일본 정계를 주도했다.

특히 육군은
우리 조슈번이

해군은
우리 사쓰마 번이
완전 장악했지.

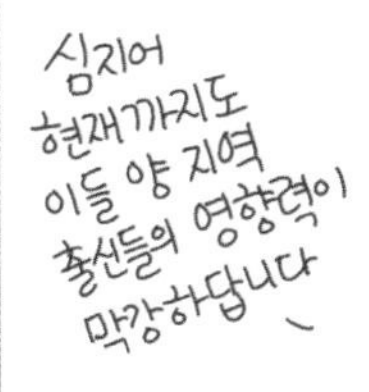

아베 총리는
옛 조슈번 출신

고이즈미
전 총리 가문은
옛 사쓰마번 출신

초기 정국을 주도한 인물은
조슈번 출신의 이토 히로부미.

그는 조슈번과
사쓰마번의 균형에
무척 신경을 썼다.

1대 총리는
조슈번 출신인
나 이토 님이,

2대 총리는
사쓰마번의
구로다,

3대는
조슈번의
야마가타,

4대는
사쓰마번
마쓰가타.

5대는 다시
나 이토 님이 ㅎㅎ

그런데 이토 히로부미의
가장 강력한 라이벌은
사쓰마번이 아닌 조슈번 출신이다.

누구냐, 넌?

암세롱.

일본 육군을 이끄는 인물로 제3대 총리를 지낸
야마가타 아리토모다.

이토는 네 번, 야마가타는 두 번
총리를 지냈고

이후 그들의 대리인 격인 가쓰라 다로와
사이온지 긴모치가 번갈아가며 내각을 구성했는데
이때를 교번정치 시대라 부른다.

제1차 가쓰라 내각
→ 제1차 사이온지 내각
→ 제2차 가쓰라 내각
→ 제2차 사이온지 내각
→ 제3차 가쓰라 내각
(1901년 6월~1913년 2월)

가쓰라는 야마가타의,
사이온지는 이토의
후계자 격인 인물.

하지만
제2차 사이온지
내각 때엔 이미

야마가타 측이 정국을 완전히 주도하고
있었다.

러일전쟁 이후론
군부를 대신할 세력이
없었다고 봐야지.

게다가
이토도 죽고♪

조선 통감으로 있다가 초대 총독이 되는
데라우치 마사타케 역시 야마가타 세력의 적자 격인 인물.

다만 이 시기 민권운동이 성장하면서
민주주의에 대한 요구가
확산되고 있었다.

1912년
메이지 천황이 죽고

다이쇼 천황이 즉위한다.

정당정치도 제법 모습을 갖춰나가게 되고

일본 민중들의 요구도 커져나가는 이 시기의 변화를
다이쇼 데모크라시라 부른다.

이즈음 중국엔 격랑이 일었다.

1901년 리훙장이 죽자

위안스카이가 후임으로 앉아 막강 실력자로 자리 잡는다.
직례총독, 북양대신을 이어받았고 직속의 신식 군대까지 맡아 키웠지. 누가 감히 나를 건들쏜가?

1908년 광서제가 죽고 조카인 푸이가 세 살의 나이로 황제에 오른다.
훌쩍

섭정을 맡은 아비 순친왕은 위안스카이를 제거하려 했고
위안스카이! 이리 같은 자다. 그를 제거하지 않고서는 황실의 안녕을 기약할 수 없어.

낌새를 챈 위안스카이는

톈진(천진)으로 탈출해 조계에 은신했다.
황제의 아비 그자가 감히 나 위안스카이를? ....
두고 보자

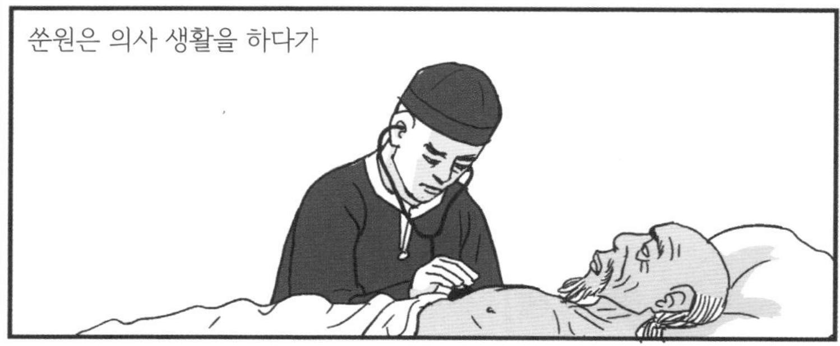
쑨원은 의사 생활을 하다가

1894년 세상을 바꿀 구상을 담은 정치개혁서를
리훙장에게 올렸으나

받아들여지지 않았다.

정녕 이 나라가 치유될 길은
혁명밖에 없는가?

이후 본격적인 혁명 활동에
뛰어든 그는

혁명을 이루려면
뭐가 필요한가?
혁명 사상과 이론,
뜻을 함께할
동지와 조직.

1905년 일본에서 혁명가들을 규합해 중국동맹회를 조직하고
국내외에 지부를 구축해나갔다.

이후 각지에서 쑨원의 뜻에
공감하는 이들에 의한
자발적인 조직들이
만들어지고

혁명의 뜻에 공감하는 신식 군인들은
봉기를 시도하기도 했다.

그때마다 참혹한 실패로
끝나곤 했지만

혁명의 기운은
커져만 가더니

마침내 1911년 10월 10일 우창(무창)에서
신군 내 혁명 세력과 중국동맹회가 무장하여 봉기했다.
와
베이징
난징
상하이
광저우

10월 16일로 예정되었던 봉기 계획이 들통나면서
체포 열풍이 일고 정부군은 삼엄한
경계를 폈지만

봉기 세력은 흔들리지 않고
이날 봉기의 깃발을 올린 것이었다.

신군들이 대거 합세하면서
끼워줘~
어서 와!

봉기군은 우창을 장악한다.

다음 날엔 이웃인 한양,
그다음 날 새벽엔 한커우도
봉기군에게 장악되었다.

혁명군의 봉기 촉구에 40여 일 사이 15개 성이
독립을 선언하고 혁명을 지지하기에 이른다.
신해혁명이다.
나도!
혁명 지지!
독립!
여기도

어떡하지? 저것들을 진압하지 않고
내버려두었다간 온 나라가
혁명군의 손아귀에 넘어갈 판인데,

진압할 수 있는 인물은
아무리 생각해도
그 자 밖에 없으니…

이대로
무너지느냐,
호랑이를 안방에
들이느냐?
……

결국 위안스카이가 화려하게 복귀한다.
여~
모두들
안녕?
내각총리대신에
군권까지 모두
가졌으니
황실은 허수아비
신세…

위안스카이군은 혁명군을 회유하는 한편
혁명군을 만나
내 뜻도 별반
다르지 않다고
전해.
넵!

휘하 장수들과 부대를 보내 한커우, 한양을 연이어 접수한다.

한편 혁명군은 난징을 임시정부의 수도로 삼고

미국과 유럽을 돌아보고 막 귀국한 쑨원을 지도자로 선출한다.

대총통에 선출된 쑨원이 위안스카이에게 제안했다.

위안스카이가 받아들이면서

일곱 살의 황제 푸이가 폐위되고

이민족으로서 중국을 300년간 지배해온 청 황조가 막을 내렸다.

중화민국의 새 총통에 오른 위안스카이는
쑨원과 생각이 달랐다.

그는 거침없이 독재체제를
강화해갔고

분노한 쑨원은

토원 사령부를 조직해 위안스카이 타도를 내걸지만
진압군에 밀려 패퇴하고

일본으로 망명한다.

한편 이 시기의 유럽은
긴장 속에 흘러가고 있었다.

자본의 집적, 집중으로 독점자본주의의 길을 간 열강들은
식민지 확보에 나서고

세계는 열강들의 영토 분할 경쟁의 장으로 바뀌었다.

이러한 열강들의 제국주의 정책은 민족주의와 결합하면서 국가 간 전쟁의 발생을 예고했다.

예고는 발칸반도에서 현실이 되었다.

발칸반도는 각국의 이해가 서로 얽히면서

이미 두 차례에 걸쳐 발칸전쟁을 벌인 바 있다.

두 차례의 전쟁을 통해 세르비아는 발칸제국의 강국으로 떠올랐고 오스트리아 · 헝가리제국은 그런 세르비아를 경계했다.

1914년 6월 28일, 오스트리아·헝가리제국
왕위 계승자가 사라예보를 찾았다가

세르비아 청년의 손에 암살당한다.

이를 빌미로
오스트리아·헝가리제국은
세르비아에 선전포고를 했다.

그러자 러시아가
같은 슬라브계 나라인
세르비아 편에 섰고

독일은 같은 게르만 민족인
오스트리아 편에 서서
전쟁에 뛰어들었다.

독일은 벨기에를 침공하더니 이어 프랑스로 진격했고

영국이 독일에 선전포고하기에
이르렀다.

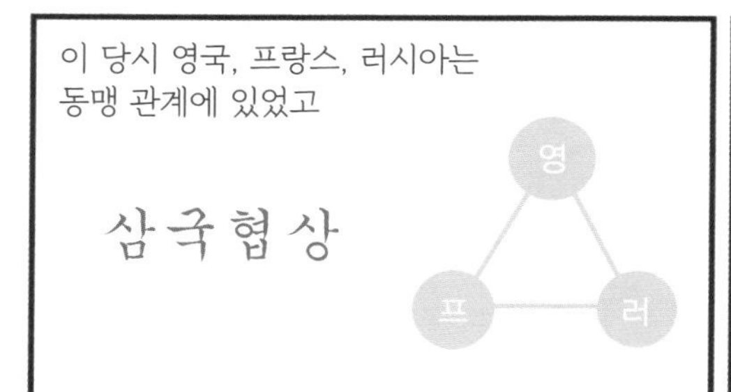
이 당시 영국, 프랑스, 러시아는
동맹 관계에 있었고
삼국협상
영
프
러

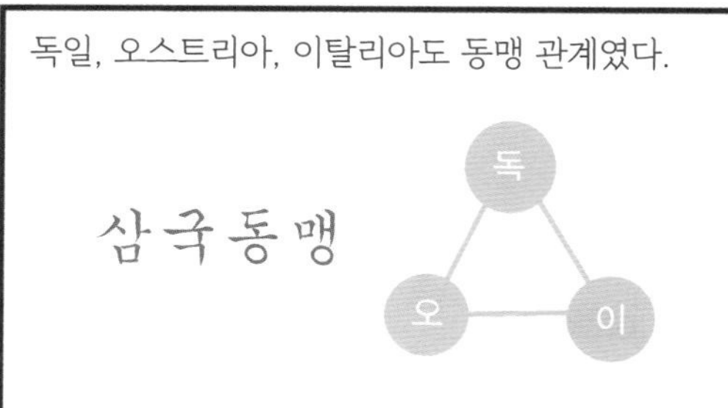
독일, 오스트리아, 이탈리아도 동맹 관계였다.
삼국동맹
독
오
이

이탈리아는 삼국동맹을 탈퇴해
협상국 쪽에 가담했고
웰컴!

오스만제국은 동맹국 진영에 합류했다.
툭

그 밖에도 여러 나라들이
비밀 협상 등을 통해
어느 한편에 가담하면서
전쟁이 끝나면
그 나라가 가진
아프리카 이권을
반 나눠줄게.
각서
써줄 수
있어?

전쟁은 대전(Great War)으로
불리게 되었다.
제1차 세계대전이
시작된 것이다.

유럽의 대전 소식에
일본은 반색했다.
오홋! 이렇게 좋은 일이!

곧바로
대독일 선전포고를 한 다음
영국은 우리의 동맹국, 영국의 적은 곧 우리의 적인 고로, 독일! 너에게 전쟁을 선포한다!
러일전까지는 너희로부터 전술 교육을 받은 우리지만 어쩌겠어? 국제관계는 본디 냉정한 것이잖아.

독일 점령하에 있던 산둥반도를 점령하고
독일 놈들 세네. 압도적인 병력을 가지고도 힘들게 점령했다는.

남태평양의 독일령 제도들을 접수한다.
마리아나 제도
팔라우 제도
캐롤라인제도
마셜 제도
장래 태평양 일대를 먹기 위한 출발이라고 할까?

이어 지중해에 해군을 파견해 연합국
일원으로서의 역할을 하는가 싶더니

위안스카이를 구슬리고 압박하기 시작한다.
우리랑 한판 뜰 거야? 아니잖아?
좋게 좋게 가자고. 대신 우리가 황제 자리에 오르는 거는 도와줄게.

일본의 대중국 21개조 요구

제1호 산둥 권익
산둥성의 독일 권익 양도와 새 철도 부설권 요구 등 4개 조항

제2호 남만주, 동부 네이멍구에서 일본 국익 우선권
뤼순(여순), 다롄(대련)을 포함한 남만주와 동부 네이멍구에서
일본의 특수 권익 승인 등 7개 조항

제3호 한예핑 공사의 합판(合辦)
한양, 다예, 핑샹 석탄제철회사(한예핑 공사)의
철, 석탄 사업에 관한 이권 이양 등 2개 조항

제4호 영토 불할양
중국 연안과 도서 지역을 외국에 할양하지 않겠다는 조항

제5호 희망 조항
중국 중앙정부의 정치, 재정, 군사 분야에 일본인 고문 초빙,
경찰의 공동 관리, 병기 구입과 철도 부설에 관한 요구 등 7개 조항

1910년대 전반, 우리는

조선총독부의 무단통치, 가혹한 탄압 속에서 움트는 항전의 서막!

1910년 8월 조선을 강제로 병합한 일본은 동화주의와 무단통치라는 통치 방향을 확립했다. 조선 총독은 천황 직속으로 막강한 권력을 부여받았으며, 조선총독부는 조선인의 언론, 종교, 교육의 자유를 철저히 억압했다. 토지조사사업과 회사령, 산림령, 광업령 등의 경제 조치들로 일본은 짧은 시간 안에 조선의 전 경제 영역을 장악해갔다. 도로, 철도, 전기의 보급은 문명화로 포장되었고 조선물산공진회 등을 통해 적극적으로 홍보되었다. 일제는 〈매일신보〉, 일본시찰단 파견 등 다양한 홍보 수단을 통해 지배 논리를 설파해나갔다.

일본이 조선에 대한 장악력을 높여가는 사이 조선인들은 다양한 길을 걸었다. 일본으로부터 작위를 받은 귀족을 비롯해 고위층, 강제 병합 협력자, 일본 육사 졸업생 등 적극적 친일파가 등장했고, 군수, 면장, 순사 등의 관리는 일본에 협력하는 조선인들로 채워지기 시작했다. 토지조사사업으로 인해 지주-소작 관계가 정착되고 도로, 항만 등 기간 시설이 확충됨으로써 지주들의 쌀 수출 길이 열렸으며, 지주들 땅이 넓어지는 동시에 소작농과 도시 노동자들의 삶은 점점 열악해졌다. 간도로 연해주로 심지어는 하와이까지 이민을 떠나는 이들이 늘어났다.

초기에 간도와 연해주로 망명한 이들은 의병투쟁을 전개하는 한편 서전서숙, 명동서숙을 세워 민족교육을 이어갔다. 안창호, 양기탁, 이동녕 등이 중심이 된 비밀결사 조직 신민회는 독립전쟁을 준비하기로 결정했고, 이회영, 이상룡 등이 이를 실행에 옮기기 위해 전 재산을 처분하고 서간도로 떠났다. 박은식, 조소앙, 여운형 등은 국제도시 상하이를 독립운동의 무대로 삼고, 그곳에서 후일을 도모했다. 합병 전부터 일본에 항거해온 대종교는 일본이 자유로운 종교 활동을 억압하자 만주로 근거지를 옮겨 의병을 조직하고 독립운동을 전개했다.

국내 의병 소탕을 거의 마무리한 일본은 계몽운동가를 탄압하기 위해 데라우치 총독 암살 미수사건(105인사건)을 조작했다. 강제 병합을 전후로 의병 세력은 점차 자취를 감추어갔지만 노병대, 이진룡, 채응언 등의 인물들이 최후의 의병을 이끌었다. 의병이 약화되자 계몽운동가들은 운동의 방식을 비밀결사로 전환했다. 그중 대표 격이 박상진이 주축이 된 대한광복회로, 이들은 공화주의를 내걸고 친일 부호와 관료를 처단하는 활동을 전개했다.

최재형, 이범윤, 이상설 등이 이끌던 연해주의 독립운동은 십삼도의군을 결성하고 권업회 등을 조직해 일제에 맞서려 했다. 그러나 러·일의 관계 변화로 러시아의 탄압을 받게 되자 독립군 거점을 북간도로 옮겼다. 만주에서는 신민회 인사들이 주축이 되어 경학사, 신흥강습소(이후 신흥무관학교), 부민단 등을 조직했다.

미국에서는 대한인국민회 중앙총회가 출범했다. 하와이에서는 무장투쟁론자인 박용만과 실력 양성을 방침으로 삼는 이승만 사이에서 갈등이 점차 고조되어갔다. 중국에서는 신한혁명당이 조직되어 세계정세를 활용한 항일운동이 시도되었다.

러시아혁명 : 연설하는 레닌

1917년 볼셰비키 지도자 레닌은 세계 최초의 사회주의 혁명을 성공시켰다. 그리고 피압박민족과 식민지들의 민족해방투쟁을 지지한다고 선언했다.

파리강화회의

제1차 세계대전 후 제국주의 열강은 파리에 모여 강화회의를 진행했다. 미국 대통령 윌슨이 제창한 민족자결주의 원칙은 식민지 민족들에게 큰 반향을 일으켰다.

	1916		1917		1918
우리는		원불교 창시		대동단결선언 발표	
세계는		위안스카이 사망		러시아혁명	

35년

1910년대 후반, 세계는 우리는

베이징

5·4운동

제1차 세계대전 중 일본이 강요한 21개조 요구가 파리강화회의에서 인정되자 중국 민중들은 분노하여 반군벌, 반제국주의 운동인 5·4운동을 일으켰다.

신한청년당 결성	1919	3·1혁명, 임시정부 수립	1920	봉오동전투
제1차 세계대전 종결		5·4운동, 베르사유조약 체결		국제연맹 설립

1910년대 후반, 세계는

대전(Great War)은 프랑스 영역의 서부전선, 독일, 오스트리아와 러시아 간의 동부전선, 발칸반도, 오스만제국 영역의 중동전선 등지에서 전개되었다.

결국 지리한 일진일퇴의 참호전을 이어가게 했다.

이런 교착상태를 타개하기 위해 각국은
무기 개발에 열을 올렸다. 기관총 개량이
경쟁적으로 이루어졌고

전차가 만들어져 투입되었다.

비행기가 전쟁 무기로
활용되기 시작했고

독가스도 개발되어 사용되었다.

이전의 전쟁들과는 비교할 수 없을 정도의 사상자를 낳으면서도

전선은 고착된 채 전쟁의 끝은
요원해 보였다.
콰광
광
광

전쟁 3년째인 1917년,
전쟁의 흐름을 크게 바꾸는
두 가지 일이 발생한다.

1917

이때까지 강국의 표상은 강한 해군이었다.

영국은 주력함 경쟁을 주도하며 세계 최강의 해군력을 자랑하고 있었다.

이에 독일이 내놓은 대안이 잠수함 유보트(U-boat).

독일이 연합국 측의 군수물자 차단을 위해 무제한 잠수함 작전을 펴자

미국 선박들이 피해를 입게 된다.

여기에 더하여

독일이 멕시코에게 보낸 전문이 해독되면서
함께 일본을 끌어들여 미국을 공격하자. 그러면 미국에 빼앗긴 텍사스, 뉴멕시코, 애리조나를 되찾을 수 있게 해줄게.
웬만하면 참전하지 않으려 했는데 더 이상은 어쩔 수가 없군.

고립주의를 내걸고 잠자던 강자 미국이 마침내 대전에 뛰어들게 된다(1917년 4월).
당시 미국의 모병 포스터입니다.
I WANT YOU
FOR U.S. ARMY
NEAREST RECRUITING STATION

유럽의 강국들이 몇 년째 대전에 휘말려 곤란을 겪는 사이

멀리 떨어진 미국은 이들에게 군수품과 생필품을 수출하여 전례 없는 호황을 구가했다.

그만큼 체력이 좋아졌단 얘기.

미국의 연합국 합세로 힘의 균형은 크게 기울어진다.
쿵

그러나 연합국 측에서도 중대한 결손이 발생하는데, 러시아혁명이다.

계속된 전쟁에 지친 민중이
시위를 벌이고
빵을 달라!
전쟁 반대! 전제 타도!

노동자들은 파업으로
함께했다.
전제타도!

여기에 시위 진압에 나섰던
병사들까지 합세하면서
전쟁 반대!

마침내 황제 권력이
무너진다(2월혁명).

그리고 부르주아와 사회주의자의
연합 정권인 케렌스키 임시정부가
출범했는데

민중의 기대에 부응하지 못했다.
뭐야? 혁명 전이랑 별 달라진 게 없잖아.
전쟁도 계속하고 개혁도 미지근하고.

진작부터 전쟁 반대를 주장해온 사회주의 혁명가
레닌이
제국주의 전쟁에 피흘리지 말자!

오랜 망명 생활을 접고 귀국한다.
레닌
레닌!

돌아온 볼셰비키 지도자 레닌은 외쳤다.
부르주아 정부는 필요 없다. 우리에겐 우리의 정부, 노농소비에트면 된다.
전쟁 중단과 평화! 토지 분배의 꿈은 오직 소비에트만이 이룰 수 있다.
볼셰비키는 러시아사회민주노동당 내에서 레닌의 적극적 혁명 주장을 지지하는 세력으로 처음엔 다수파를 의미하는 말이었습니다.
소수파는 멘셰비키.
소비에트는 1905년 혁명 과정에 자발적으로 생겨난 노동자, 농민 병사의 대표기관.

사회주의 진영 내에서조차 그의 주장은 다수의 동의를 얻지 못했는데
마르크스 선생께선 말씀하셨지.
자본주의 체제엔 부르주아 정부!
자본주의가 충분히 숙성하면 부르주아 정부를 무너뜨리고 프롤레타리아트 정부를!

그런데 이제 자본주의 체제가 막 걸음마를 하려는 게 러시아의 현실인데, 뭐 당장 프롤레타리아트 정부를 세우자고? 미친 거 아냐?
미친 게 아니라면 레닌 그 자는 마르크스주의자도 아니지.

민중의 지지는 레닌에게로 모아졌다.
레닌! 레닌!
임시정부 타도!

마침내 레닌의 주장대로 볼셰비키와 민중은 일제 봉기를 통해 정부를 장악했다(10월혁명).
와
이제 모든 권력은 소비에트로 넘어왔다!
와

그렇게 최초의 사회주의 정부가 출범했다.

혁명정부는 독일을 위시한 동맹국들과 협상에 임했고 동맹국 측의 요구는 가혹했다.

레닌이 받아들이면서

러시아는 대전에서 발을 뺀다.
동부전선은 그렇게 정리되었다.

그런데 혁명정부는 또 다른 난제와 마주한다.

사회주의 혁명으로 피해를 입은 귀족, 지주, 자본가 등 구세력이 각지에서 백군을 조직해 혁명정부에 맞선 것.

막강한 전투력을 자랑했던 체코군단도 반군 편에 섰다.
타도 볼셰비키!
우리는 동맹국 군에 징집돼 전장에 나섰다가 탈출했거나 포로로 잡힌 체코 출신들로 구성됐지.
체코 독립을 위해 러시아를 위시한 연합군 편에서 싸웠다네.

이들이 반군 편에 서게 된 배경을 보면 이 시기 러시아 혁명정부의 고민이 고스란히 드러난다.
전쟁에 발을 뗀 우리로선 저들 체코군단을 고향으로 돌려보내야 하는데 서쪽으로 돌려보내는 건 위험해. 동맹국이나 연합국 어느 쪽에 가담해도 골치야.

고민 끝에 먼길을 돌아 돌려보내기로 결정한다. 그렇게 수만의 체코군단은 시베리아 횡단철도에 올랐다.
가까운 길
저 가까운 길을 두고 이 무슨 고생이람?
뭐 고향으로 돌아갈 수만 있다면…

그런데 반란이 곳곳에서 터져 나오자 러시아 정부는 새로운 고민에 휩싸인다.
무장한 저들이 반군 편에 합세하게 되면 더 큰 문제!

…
무장해제를 시켜야 돼!

그렇게 무장해제 결정이 내려지자 체코군단이 거부하고 반기를 든 것. 체코군단은 열차의 무장을 강화하고 볼셰비키 적군과 싸워가며 블라디보스토크로 향했다.
덤빌 테면 덤벼!
덜컹 덜컹 덜컹

러시아혁명을 못마땅한 눈으로 바라보던 영국, 프랑스, 미국 등 열강은 체코군단 구출을 구실로 간섭군을 보내 반군을 응원한다.
영국·프랑스 등은 유럽 전선에 신경쓰느라 얼마 오지 못했고 우리가 많이 왔지. 1만 3,000명이나.

특히 일본은 7만 명의 대부대를 파견해 연해주와 동부 시베리아 지역을 점령한 채 반군을 후원한다.

그렇게 러시아 전역은 혁명과 반혁명 간의 내전 상태로 들어갔다.

일본의 21개조 요구를 수용한 위안스카이는 오매불망 그리던 황제의 자리에 올랐다.

그러나 격앙된 민심과

지방군의 봉기로

83일 만에 황제의 자리에서 내려와야 했고

화병을 얻은 탓인지 석 달 뒤 세상을 뜬다.

위안스카이가 사라지자 군벌들이 부상했다. 동북의 장쭤린, 북양군벌의 돤치루이, 펑궈장 등이 이합집산하며 베이징 정부를 장악하려 애썼다.

남부에선 쑨원이 비상 회의를 열 것을 전국의 국회의원들에게 호소했고

그 결과 전체의 3분의 1에 해당하는 120여 명의 국회의원이 광둥에 모여 군정부 구성을 결의했다.

대원수에 쑨원, 원수에 탕지야오, 루룽팅.

그러나 탕지야오나 루룽팅 등이 자파 세력 확장에만 골몰하는 것을 본 쑨원은 광둥을 떠나버린다.

중국은 그렇게 군벌 할거 시대로 접어든다.

일본은 대전을 통해 톡톡히 재미를 봤다.

유럽의 대전에 가담한 국가들이 손을 놓은 사이 해외시장을 넓히고

연합국 측에 군수품, 생필품을 팔아 호황을 누렸다.

그러나 시베리아 출병이 기대에 미치지 못하고

일본 내에서 데모크라시 풍조가 거세지면서 군부의 위세도 떨어진다.

여기에 쌀 매점매석으로 인한 군중의 분노가 폭동으로 변하면서

책임을 통감한 대륙 진출론자이자 조슈 군벌의 핵심 데라우치 내각이 무너지고

평민 출신의 하라 다카시가 총리에 올라 최초의 정당내각이 출범한다 (1918년 9월).

러시아가 연합국 진영에서
이탈하긴 했지만

미국의 참전으로 인해 대전은 급속히 연합국 측 우세로
바뀌었다.
와우!
엄청 세네!
US

1918년 9월, 불가리아가
항복하고 이어 오스만제국,

오스트리아·헝가리제국이
연합국에 항복했다.

오스트리아가 항복한 날
독일에선 해군 폭동이 일어나는데
출정거부!
와
전쟁중단!

각지에서 노동자들의 파업이 뒤이어 혁명으로 발전했다.
Nie
Krieg

황제가 제위를 포기하고 네덜란드로
망명했다.

독일은 공화정으로 바뀌고
이 시대를 바이마르 공화국이라 부르는데, 우리가 만든 바이마르 헌법은 이 시기 가장 선진적인 헌법으로 평가받지.
헌법 제1조: 독일국은 공화국이다. 국가 권력은 국민으로부터 나온다.

연합국과 휴전을 맺게 되었다 (1918년 11월).
콩피에뉴 숲에서 휴전협정을 맺을 때의 사진

이리하여 5년에 걸쳐 1,000만의 병사와 수백만 민간인의 목숨을 앗아간 대전, 유럽대전, 제1차 세계대전은 끝이 났다.

그리고 전후 처리를 위해 파리에서 강화회의가 열리기로 약속되었다. 전쟁 당사국 민중들은 물론
20세기는 좀 달라질 줄 알았더니 더 참혹한 전쟁과 죽음의 시대가…
이젠 정말 전쟁이 끝난 거겠지. 평화와 이성의 시대가 오려나?

세계의 피압박 식민지 민중들도 파리강화회의를, 그리고 그 이후 펼쳐질 새로운 시대를 기대에 찬 눈으로 지켜보게 된다.
제국주의, 전쟁, 식민주의, 억압과 착취의 시대는 가고
인도주의, 평화, 독립, 해방의 시대가 오기를…
제발~~

파리강화회의 의장인 조르주 클레망소 프랑스 총리(왼쪽)와
우드로 윌슨 미국 대통령. 윌슨 대통령은 국제 문제를
풀어나갈 원칙으로 14조항을 제시했다. 여기에서 각 민족은
정치적 운명을 스스로 결정할 권리가 있으며,
다른 민족의 간섭을 받을 수 없다는 민족자결주의를 주장했다.

1910년대 후반, 우리는

"조선이 독립국임을 선언하노라!" 3·1혁명의 거대한 물줄기와 대한민국의 탄생!

1915년 이후 국내외 독립운동 진영이 크게 위축된 상황에서도 여전히 독립을 준비하는 사람들이 있었다. 러시아 볼셰비키 혁명이 일어나면서 이동휘 등은 하바롭스크에서 최초의 사회주의 정당인 한인사회당을 조직했다. 미국 대통령 윌슨이 제창한 민족자결주의는 사실상 패전국의 점령지 문제로 국한되고 말았으나, 식민지 민족들은 자신들의 열렬한 독립 의지를 전 세계에 알릴 큰 기회로 인식했다. 이에 신한청년당은 김규식을 파리강화회의에 파견하는 한편, 한민족의 대대적인 독립운동을 준비했다.

천도교 등 종교 세력을 중심으로 민족대표가 구성되었고, 여러 사람이 국내외를 오가며 계획을 세우고 준비에 힘을 다했다. 마침내 1919년 3월 1일 파고다공원에 모인 민중들이 '조선 독립 만세'를 외쳤다. 고종의 국장에 참여하기 위해 모인 사람들이 삽시간에 함께했다. 국권피탈 이후 쌓인 10년간의 울분이 두려움이라는 두터운 지각을 뚫고 한 번에 터져 나왔다. 곧바로 일본의 폭압적 진압이 시작되었지만, 만세운동은 전국 방방곡곡으로 확산되며 목소리를 높여갔다.

지역으로 확산된 3·1운동은 초기 지도부가 정한 비폭력 원칙에 얽매이지 않고 적극적으로 항전하는 모습을 보여주었다. 4월 이후 3·1만세운동은 잦아들었지만, 이미 각성된 한국인들은 이후 노동운동, 농민운동 등의 대중운동을 통해 독립운동의 주력으로 자리 잡아나갔다. 또한 일부 지식인들 사이에서만 공유되던 공화주의를 대중들이 자연스럽게 받아들이면서 한국인들은 근대인으로 발전하게 되었다. 이런 면에서 3·1만세운동을 3·1혁명이라고 명명할 수 있을 것이다.

북간도, 서간도, 연해주, 그리고 미국에서도 3·1혁명에 영향을 받은 운동이 조직되었다. 하지만 일본의 적극적 차단으로 제국주의 열강의 반응은 냉담했고, 친일파들은 3·1혁명에 충격을 받으면서도 기득권 수호를 위해 비난과 공격에 앞장섰다.

3·1혁명의 전개는 많은 독립운동가에게 임시정부 조직의 필요성을 확산시켰다. 변화된 정세에 민감하게 반응한 각지의 인물들이 상하이에 모였고, 1919년 4월 11일 대한민국임시정부를 출범시켰다. 이후 임시정부는 헌법을 제정하고 조직을 통합하면서, 독립을 위한 기틀을 마련했다.

유림은 고종의 5남 의친왕 이강을 고문으로 한 조선민족대동단을 결성했고, 여운형은 도쿄의 제국호텔에서 독립의 당위성을 주장하는 연설을 해 일본의 간담을 서늘케 했다. 하지만 상하이파와 이르쿠츠크파 사회주의자들은 노선상의 차이와 해묵은 감정을 드러내며 갈등을 빚기 시작했다.

모스크바

극동피압박민족대회

1922년 워싱턴회의에 대응하여 열린 회의로, 동방혁명의 중요성이 강조됐고, 특히 한국 문제에 대해서는 광범위한 반제 민족통일전선의 결성이 유일하고 정당한 노선임이 제시됐다.

광저우

제1차 국공합작

1924년 광저우에서는 국민당 제1회 전국대표회의가 열렸다. 여기서 국민당은 공산당을 개인 자격으로 받아들이기로 하고 공산당은 이를 수용함으로써 제1차 국공합작이 정식으로 성립됐다.

	1921	1922
우리는	국민대표회의 소집 요구	제2차 조선교육령
세계는	워싱턴회의	모스크바 극동민족대회

35년

1920년대 전반, 세계는 우리는

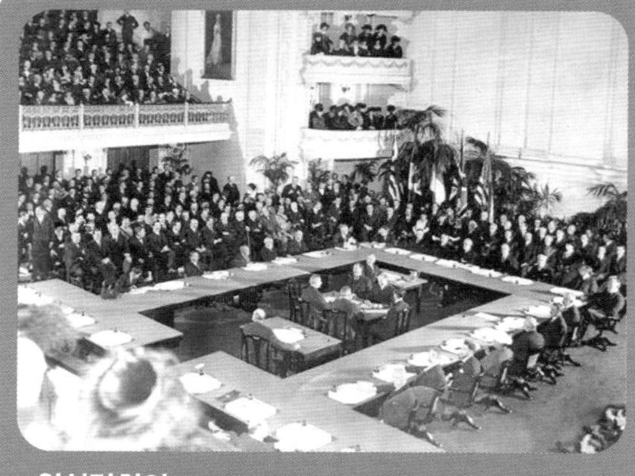

워싱턴

워싱턴회의

1921년 11월~1922년 2월, 제1차 세계대전 이후 동아시아에서 급속히 성장한 일본 세력을 억제하기 위해 국제회의가 개최됐다. 총 9개국이 참여해 각국의 해군력 축소에 합의했다.

1923 의열단 '조선혁명선언' 발표 / 관동대지진

1924 조선노농총동맹 창립 / 제1차 국공합작

1925 이승만 탄핵 / 쑨원 사망

1920년대 전반, 세계는

1919년 초에 시작된 파리강화회의는

1년여에 걸쳐 지속됐고 연합국과 패전국 간의 여러 조약을 낳았다.

가장 주목받은 개별조약은 연합국과 독일 간의 베르사유조약.

오스트리아·헝가리제국과 오스만제국은 해체되고 많은 영토와 인구를 잃었다.

파리강화회의의 결과는 또 다른 불안 요인을 낳았다.

독일은 가혹한 배상금으로 국가 운영에 심각한 곤란을 겪어야 했고,

이탈리아는 승전국이었음에도 제대로 대접받지 못해 불만을 품게 되었다.

미국의 권유를 받아들여
강화회의에 참석한 중국은

일본이 점령하고 있는 산둥반도
반환권을 얻어내지 못했다.
이 일대는 독일과 조약을 맺고 조차했던 곳으로 이제 독일이 패전한만큼 당연히 우리에게 귀속돼야!

그럴 줄 알고 영국, 프랑스 등과 개별적으로 비밀 협약을 해두었지롱~
그 문제는 일본과 중국간의 일로…

빈손으로 돌아온 대표단 앞에 중국 민중은 5·4운동으로 답했고,
北京大
매국노 처단
일제 타도

이에 중국 정부는 결국
강화회의 조인을 거부해야
했다.

미국이 제안한 국제연맹 창설안은 일찌감치
받아들여져 스위스 제네바에 본부를 두고
출범했다.

하지만 제대로 된 조정력을 발휘할 수 없었으니,
제1강국으로 떠오른 미국이 불참했기 때문이었다.
제안국이 빠지는 건 무슨 경우여?
상원이 전통적인 고립주의를 내세우며 거부했기 때문에 …

러일전쟁이 승리로 끝나자 일본의 후원국이었던 미국은 이제 일본을 경계하게 되었다.
태평양 일대를 두고 우리랑 이해를 다툴 상대로 크고 말았어.
제1차 세계대전 시 일본이 보인 모습은 경계심을 더욱 키웠다.
저봐, 저럴 줄 알았다니까. 게다가 중국까지 독점하려 들어?
남양군도 접수
산둥반도 점령

영국도 일본에 대해 경계심을 갖게 되어 일본의 영일동맹 연장 제의를 거절했다.
이제 그만~
더 나아가 미국과 영국은 협의 끝에
일본은 좀 눌러둘 필요가 있어.
군비 축소를 모토로한 열강들 회의를 열어 일본의 야욕을 저지하자고.

일본, 프랑스, 이탈리아 등에 국제회의를 제의했다.
제국들 간의 지금과 같은 군비 경쟁이 계속된다면 또 다시 파멸을 부를 것이오.
이미 각국의 재정이 다 엉망이 되었고.
같이 모여 군비 축소에 대한 합의를 이끌어냅시다.
하딩 미 대통령
그렇게 해서 1921년 11월 워싱턴회의가 열린다.

워싱턴회의에서 논의될 군축의 핵심 분야는
건함이었다.

대한해협에서 있었던
러일 간의 해전을 지켜본 열강은

건함 경쟁으로 내달렸다.

그 선두엔 영국이 있었다.

영국은 앞선 기술과 경쟁력으로
늘 한발 앞서 나갔다. 영국이
한 단계 앞선 전함을 개발하면

다른 나라들이 부랴부랴
뒤따라 같은 급의 전함을
건조했다.

그러면 영국은 다시 한 단계 위의
새 전함을 선보였다.

러일전쟁의 육전을 본 열강들은

다음과 같은 결론을 내렸다.
러시아가 택한 프랑스식 백병주의 보다 일본이 선택한 독일식 화력주의가 확실히 현대전에 어울려.
중기관총, 중포 이런 것들이 승패를 결정 지어.

제1차 세계대전은 그 실험장이었고
화력주의가 더욱 강화되었다.

그런데 정작 승자였던 일본 육군이 내린 결론은 달랐다.
무슨 소리? 포탄에 의한 러시아군 피해가 얼마나 된다고.
싸움은 역시 정신력! 사무라이 정신으로 무장한 일본식 백병주의로 간다!
솔직히 화력주의를 택하려 해도 우리의 산업력이 받쳐주지 않고 …

이에 비해 일본 해군은
전술 지상주의로 흐르긴 했지만,
전함의 우위보다 해전 승리의 키는 역시 탁월한 전술 운용,
러시아의 발틱함대를 궤멸시킨 도고 장군의 전술을 보라!

육군처럼 기술 경시, 정신주의로
흐르지 않고 열강들의 건함 경쟁에
가세했다.
물론 전함의 수와 성능도 웬만큼은 돼야.

러일전쟁 시 자국산
주력함이 한 척도
없었던 일본은
Made in UK Germany …

전쟁의 와중에 이미
자체 건조가 가능해지더니

1909년엔 거의 세계적 수준에 이른다. 그리고 1920년엔
세계 최초로 16인치 포를 장착한 전함을 건조해낸다.

러일전쟁 이전에도 그랬지만,

전쟁 후에도 일본군은 러시아를 제1주적으로 삼았다.

이후 육군과 해군이 주적을 달리하는
기간을 거치더니

1923년에 이르러선 미국이 제1주적으로 자리 잡는다.

같은 입헌정우회 출신인 다카하시 고레키요가 총리를 맡으면서 영미 협조주의를 이어갔다.

워싱턴회의 결과 주요국의 주력함 보유 비율은 아래와 같이 정해졌다.

영국 5, 미국 5,
일본 3,
프랑스 1.75,
이탈리아 1.75

일본 군부 강경파들은 반발했지만
미국 5, 우리가 3이면 대미 6할이란 얘긴데, 안돼~
대미 6할로는 미국을 이길 수 없어. 7할은 절대로 양보할 수 없다고.

현실론이 우세해 받아들여졌다.
우리 경제력으로 사실 6할도 쉽지 않아.
7할을 고집하다간 가랑이가 찢어지는 수가 있어.
그래. 사실 영미에 이은 세계 3강으로 인정된 것만 해도 어디야?

또한 미국을 선두로 한 열강들의 일치된 요구 앞에
결국 산둥반도를 중국에 돌려주기로 약속해야 했고,
쳇ㅇㅇ

시베리아 출병도 실패로 끝나면서
속절없이 철수해야 했다.
우리가 세운 콜차크 정부가 무너져버려서 ...
대륙 진출 1차 시도는 실패 ㅇㅇ

열강들의 개입과 각지의 반란으로
곧 무너질 것처럼 보였던
러시아의 볼셰비키 정부는
...

민중의 지지에 기초해 마침내 백군을 제압하고 1922년 12월
소비에트사회주의공화국연방(소련)을 출범시킨다.
1922년 이후
연방 편입

뿐만 아니라 레닌은 이보다 앞선 1919년 코민테른(제3인터내셔널)을 창립하고

세계혁명의 깃발을!

이를 앞세워 세계 사회주의, 공산주의 운동에 대한 지원과 지도를 강화해나간다.

중국엔 군벌 할거 체제가 이어졌다. 이를 무너뜨리기 위해 쑨원과 국민당은 애를 썼지만 힘이 부족했다.

마침내 1921년 7월 상하이에서
중국공산당 창립대회를 갖게 된 것.
마오쩌둥은 이때 서기를 봄

중국공산당은
극동민족대회에
장궈타오를 대표로
파견했고

레닌은 그를 만나
이렇게 권유했다.
장동지! 국민당과 제휴하는 게 어떻겠소?

중국 혁명에 대한 레닌의 생각은 이랬던 것.
중국은 산업 발전 정도가 낮고 공산당도 약해. 현 시기 쑨원과 국민당은 충분히 혁명적이야.

레닌의 밀사, 코민테른의 밀사가 연이어 쑨원을 찾았다.
중국 혁명을 위해선 훌륭한 당과 군관학교가 필요합니다.
우리가 돕겠습니다.
……

중국 전역에 군벌이 난립하고 혁명은 요원하다. 자본주의 열강들은 여전히 권력투쟁에 여념이 없는 북양 정권을 지지한다. 우리 혁명에 도움을 줄 나라는 소련 밖에 없긴한데……

아무리 생각해도 이념을 달리하는 두 당의 합작은 있을 수가 없는 일이오.
그렇다면 이렇게 하시지요.

1924년 1월
국민당 제1회
전국대회를 열었다.
쑨원의 삼민주의를
건국이념으로 삼고
주요 강령들을
채택했다.

24명의 중앙위원 중엔 리다자오 등 3명의 공산당원이,
16명의 후보위원 중엔 마오쩌둥을 비롯해 7명의
공산당원이 선출되었다.

펑즈전쟁 : 펑톈파와 즈리파(직례파)가 베이징 권력을 두고 벌인 전쟁

혁명은 아직 성공하지 못했다(우),
동지들은 계속 노력하라(좌)
라는 쑨원의 유지가 걸린
그의 빈소

워싱턴회의 주요 내용

미국이 제안하고 영국, 일본, 중국, 프랑스, 이탈리아 등 9개국 대표들이
1921년 11월 미국 워싱턴에 모여 회담을 벌였다. 각국 해군의 군비 축소, 태평양과 동아시아의
전후 질서 마련, 영일동맹 폐기 문제 등 주로 동아시아 태평양 지역의 이권에 대해 논의하였다.
그 결과 동아시아 태평양 여러 섬들과 위임통치령에 대한 각국의 권리를 재확인하고,
해군 군비제한 조약, 중국에 관한 9개국 조약, 태평양에 관한 미국, 영국, 프랑스, 일본 4개국 간의 조약 등
7개 조약이 만들어졌다.
한국의 독립운동가들도 대표단을 구성하고 한국의 독립 문제를 제기하기 위해 힘썼다.
하지만 열강들은 한국의 독립 문제에는 관심이 없었다.
산둥반도의 중국 반환이 결정되고 영일동맹이 폐기되었으나 나머지 일본의 이익은 보장되었다.
일본도 회담국의 하나였기 때문에 한국의 독립 문제는 거론조차 되지 않았다.
결국, 워싱턴회의는 미국의 태평양 주도권과 일본의 성장 등을 확인한 채
제국주의 국가 간의 담합으로 끝나고 말았다.
그리고 이후 이른바 워싱턴 체제는 1931년 만주사변이 일어날 때까지
동아시아의 질서를 규정하였다.

1920년대 전반, 우리는

민족 분열을 노린 문화통치의 시대, 의열투쟁과 무장투쟁을 넘어 대중투쟁으로!

1918년 일본에서는 데라우치에 이어 하라가 총리로서 권력을 잡게 되었다. 이어 조선 총독으로 해군 출신 사이코 마코토가 부임하면서 무단통치 시대는 막을 내리고 문화통치가 시작되었다. 총독부의 신문 발행 허가로 〈동아일보〉와 〈조선일보〉가 창간되었고, 잡지와 문학의 시대가 열렸다.

조선총독부는 참정론, 자치론, 문화운동론을 내세워 민족운동 진영을 분열시키려 했다. 친일 조직 결성을 후원하고, 밀정을 침투시키는 등 독립운동을 무너뜨리기 위해 총력을 기울였다. 또한 친일파 육성을 위해 온건한 민족운동가들에게 접근했다. 결국 끈질긴 회유 끝에 이광수와 최린, 최남선 등은 친일로 전향하고 말았다.

3·1혁명 이후 러시아와 만주의 독립운동 진영은 무장투쟁을 위한 조직화에 전력을 기울였다. 그 결과 홍범도와 김좌진 등이 이끄는 독립군은 봉오동전투, 청산리전투의 승리로 독립운동 사상 최대 규모의 성과를 거두었다. 하지만 일본이 경신참변을 일으켜 보복하고 추격해오자 러시아령으로 이동할 수밖에 없었고, 지휘권을 놓고 이르쿠츠크파와 상하이파가 충돌하면서 자유시참변이라는 비극적 결과를 맞이했다.

의열투쟁은 3·1혁명 이후 주요한 투쟁 방식으로 자리 잡았다. 김원봉은 본격적인 의열투쟁을 위해 1919년 의열단을 결성했다. 실패와 성공의 과정을 거치며 의거 활동은 계속됐고, 신채호가 작성한 조선혁명선언은 의열단의 정신이 되었다. 하지만 의열투쟁에 대한 안팎의 비판 등은 노선에 대한 내부 논쟁을 불러왔고, 결국 의열단은 대중적 무장투쟁으로 노선을 변경하게 되었다.

출발부터 갈등이 있었던 임시정부는 1920년대 들어 본격적인 내분을 겪었다. 특히 이승만에 대한 내부의 불만이 쌓이면서 1923년 1월 임시정부의 근본적 개혁을 위한 국민대표회의가 개최되었다. 하지만 긴 논의에도 개조파, 창조파, 임정 고수파의 이견은 좁혀지지 않았고, 창조파의 새 정부 조직 시도가 실패하면서 결국 국민대표회의는 파국을 맞았다. 이후 임시의정원에서는 이승만 임시대통령의 탄핵안이 결정되었다.

코민테른의 결정에도 상하이파와 이르쿠츠크파 사회주의자들은 결합하지 못했다. 하지만 국내에서는 청년 사회주의자들을 중심으로 화요파, 서울파, 북풍파 등의 그룹이 만들어지며 사회주의 운동이 전성기를 맞이했다. 부산 부두노동자 파업, 암태도 소작쟁의 등의 대중투쟁이 전개되었고 청년·여성·형평운동 등 각계의 대중운동이 성장했다.

장제스, 북벌 완수

장제스는 상하이에서 반공 쿠데타를 일으켜 국공합작을 무너뜨렸다. 이어 북벌에 나서더니 마침내 베이징에 입성해 군벌 시대를 끝내고 중국을 다시 통일했다.

런던군축회의

영국, 일본, 프랑스, 이탈리아, 미국이 워싱턴회의에서 체결된 조약을 재검토하고 해군 보조함의 보유 비율에 대한 협정을 체결했다.

우리는	1926	6·10만세운동	1927	신간회 창립
세계는		독일, 국제연맹 가입		제1차 국공합작 결렬

1920년대 후반, 세계는 우리는

뉴욕

대공황
주가 폭락 소식이 전해지며 '검은 목요일'이라 불리게 된 1929년 10월 24일, 전 세계를 강타한 대공황이 시작됐다.

연도	우리	세계
1928	근우회 출범	장제스, 북벌 완수
1929	광주학생항일운동	대공황
1930	평양 고무공장 노동자 파업	런던군축회의

1920년대 후반, 세계는

파시즘의 출발점은
이탈리아였다.

제1차 세계대전이 끝난 후
전향하고는

지지자 200여 명을 모아 강력한 국가주의를 내건
단체를 만든다.

국민들의 불만을 파고들며 지지 세력을
넓혀가더니

1921년에 국가파시스트당을 조직했다. 그러곤 총선에서
19.1퍼센트를 득표하며 37명의 당선자를 낸다.

그리고 이듬해인 1922년엔
추종자들의 모임인 검은셔츠단을 이끌고
로마로 진군하는 쿠데타를 일으켜

권력을 획득한다.
나, 이탈리아 국왕은 귀하에게 내각을 구성할 권한을 부여하노라.
엥? 뭐가 이리 쉬워?
그니까 권력을 가지란 얘기여.

이후 차츰 독재권력을 강화해가더니 마침내 1928년에는 일인, 일당 독재체제를 구축한다.
의회를 해산한다. 그리고,
이후론 국가파시스트당을 제외한 모든 정당의 활동을 전면금지한다.
결국 1929년 선거에서 국가파시스트당은 98.4%의 득표율로 전체 의석을 차지합니다.

진작부터 독일민족지상주의자였던 아돌프 히틀러(1889~1945)는
유대인과 슬라브족이 혐오스러워. 마르크스주의도.

1919년 독일노동자당에 가입해 두각을 드러내더니 이내 당수로 올라선다.
강대한 독일!
민주공화제 타도! 베르사유조약 폐기! 유대인은 꺼져!
와
와
잘한다!

당명도 바꾼다. 국가사회주의독일노동자당! 줄여서 나치(Nazi).
Nationalsozialistische
Deutsche
Arbeiterpartei
약칭 NSDAP

무솔리니의 성공에 자극받아 1923년 11월 뮌헨에서 봉기를 시도했지만

실패하여 투옥된다.
군부와 멍청한 관료들이 막판에 지지를 거두는 바람에 …

9개월에 걸친 투옥 기간 동안
《나의 투쟁》을 저술할 정도로
신념은 더욱 다듬어졌지만,

효과가 큰 깃발과 휘장은 매우 많은 경우
어떤 운동에 대한 관심에 최초의 자극을 줄 수 있다.
그동안에 나 자신이 여러모로 시도하며
마지막 모양을 그렸던 하켄크로이츠는 본래
게르만인이 청동기 시절부터 썼던 행운의 상징이다.
붉은 바탕에 흰 원을 남기고 그 한가운데에
검은 하켄크로이츠를 그린 깃발이었다…

우리는 우리의 깃발 속에서 우리의 강령을 본다.
우리는 붉은색 속에서 우리의 사회적 사상을,
흰색 속에서 국가주의적 사상을,
하켄크로이츠 속에서 아리아인의 승리를 위한
투쟁의 사명을, 그리고 동시에 그 자체가
영원히 반유태주의였고,
또 반유태주의적일 창조적인 활동의
사상의 승리를 본다.

출옥해보니 상황은 더욱
나빠져 있었다.

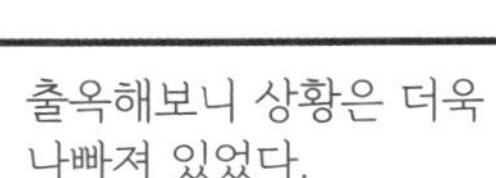

그와 나치가 다시 독일 국민의
관심을 받게 된 것은 몇 년 뒤
찾아온 대공황 덕분이었다.

1930년 총선에서 18.3퍼센트를
득표하며 나치가 제2당으로
떠오른 것이다.

제1차 세계대전 동안에도
전쟁 특수로 내내
호황이었던 미국은
달랐다.

정부와 의회는 친기업정책으로 독점기업들의 성장을 가속화시켰고,
이를테면 법인세, 소득세를 인하한다든가… 우리는 비즈니스 프렌들리 마인드니깐 ♪

공장들은 끝없이 상품들을 쏟아냈다.

1920년대 말 미국의 총생산은 전 세계의 50%에 육박했지.
주식 시장 규모도 날로 성장해서 5년 전에 비해 세 배에 달했고.
노동쟁의? 그런 게 왜 필요하지? 노동자가 주식으로 돈 버는 아메리카인데.
WALL ST.

거리엔 자동차가 넘쳐나고
빵빵
1929년 현재 자동차 생산량이 자그마치 550만 대.
OOXXX

50층이 넘는 초고층 빌딩들이 앞다투어 올라가기 시작했다.
엠파이어스테이트 빌딩도 대공황 직전에 착공되었지. 대공황으로 자재값과 인건비가 폭락해서 공사비가 크게 줄었다나.

미국인들은 베이브 루스의 홈런에 열광했고,
와
와

1929년엔 제1회 아카데미 시상식이 열렸다.

요리보고 조리 봐도 미국의 번영이 멈춘다는 건 납득이 안 돼. 미국은 영원히 번영할거야 ~
1928년에 첫선을 보인 미키마우스

열강들의 간섭과 반혁명을
이겨내고 소련을 세웠지만,

모든 것이 녹록지 않았다.
안 그래도 본디 자본주의 발전이 더뎠던 우린데 전쟁과 반혁명으로 진을 다 뺐으니 생산력은 미약하고 …

이래가지고서야 사회주의 건설을 제대로 해낼 수 있을까?
그러게. 믿었던 유럽에서의 혁명도 일어나질 않고…

혁명은커녕 오히려 자본주의 유럽은
급속히 안정을 되찾아가는 모습이다.
경기도 되살아나고
그래서 그런가? 유럽에선 공산당의 인기가 개량주의 정당인 사회민주당에 한참 못 미치는 모양이야.

레닌이 병석에 누우면서
서기장을 맡아
정무를 대리해온
이오시프 스탈린
(1879~1953).
……

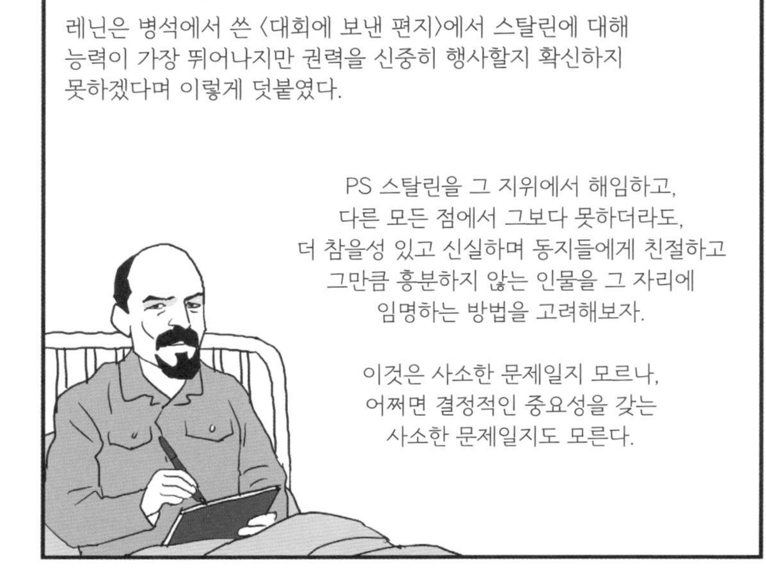
레닌은 병석에서 쓴 〈대회에 보낸 편지〉에서 스탈린에 대해
능력이 가장 뛰어나지만 권력을 신중히 행사할지 확신하지
못하겠다며 이렇게 덧붙였다.
PS 스탈린을 그 지위에서 해임하고,
다른 모든 점에서 그보다 못하더라도,
더 참을성 있고 신실하며 동지들에게 친절하고
그만큼 흥분하지 않는 인물을 그 자리에
임명하는 방법을 고려해보자.
이것은 사소한 문제일지 모르나,
어쩌면 결정적인 중요성을 갖는
사소한 문제일지도 모른다.

이 편지는 레닌이 죽은 뒤에야 공개되는데
반트로츠키 투쟁의 분위기에 묻혀 사장되고 말았죠.

레닌이 죽자 스탈린은 원조 볼셰비키들인 지노비예프와 카메네프를 끌어들여 삼두체제를 구축했다.

지노비예프와 카메네프는 당내에서 인기가 가장 높고 좌파를 대표하는 트로츠키를 상대로 권력투쟁을 벌였다.

레온 트로츠키(1879~1940)는 이른바 영구혁명론을 주창했다.

양자 간의 싸움은 트로츠키의 패배로 끝났지만

지노비예프와 카메네프도 상당한 타격을 입었다.

진정한 승자는 중도파로서 한발 물러나 있던 스탈린이었다.

레닌의 후계자로서의 입지가 공고해진 스탈린은 일국 사회주의론을 내세우며 소리 없이 권력을 강화했다.

지노비예프와 카메네프는
과거의 적 트로츠키와 손잡고 스탈린에 맞섰지만
우리가 타깃을 잘못 잡았던 것 같아.
힘 합쳐 스탈린을 물리치자!
좋아.

당내 우파를 대표하는 부하린과 손잡은
스탈린의 상대가 되지 못했다(1926년).
좌파들 꺼져!
빡
빡
빡

니콜라이 부하린
(1888~1938)은
신경제정책의 주창자.

스탈린은 이어 부하린마저
공격해 몰아내고 일인 권력을
구축한다.
빡
우파도 꺼져!

그리고 일국 사회주의론에 따른
자신의 구상을 실현해나간다.
세계혁명은 멀어지고… 하지만 우리는 거대한 영토와 인구, 자원을 갖고 있어서
우리 만으로도 사회주의를 건설할 수 있어.

1928년, 트로츠키 등 좌파들이 내건
정책을 대거 채용해 사회주의 건설을
위한 제1차 5개년 계획을 수립하고
추진했다.
본격 사회주의의 건설로!
신경제 정책 철폐!

농업의 희생 위에 중공업 국가로의 발전을 꾀한 구상이다.
우리는 지금 선진국보다 50~100년 뒤처져 있다. 우리는 이 현격한 차이를 10년 안으로 좁혀야 한다. 우리가 그것을 이루거나 저들이 우리를 압도하거나 둘 중 하나다(1929년 11월).

스탈린은 레닌주의의 충실한 계승을 내세우며
권력을 공고화해나갔다.

그 과정은 스탈린 일인 권력화의 과정이었고,
당내 민주주의의 질식 과정이기도 했다.

누가
당의 결정에
반대하는가?

스탈린 동지의
뜻이 곧 당의 뜻!

이게
아닌데
…

스탈린의 권력 강화 과정과 일국 사회주의론의 영향은
코민테른에 그대로 파급되었다. 민주주의가 위축되고,

사회주의 모국 소련의 보위가
코민테른의 핵심 과제로 자리 잡았다.

그래야 할것
같긴 한데

그럼 울 나라
혁명은…

1928년 스탈린의 급격한 좌익 선회로
코민테른도 급작스레 좌경화의 길을
걷게 된다.

코민테른의 좌경화엔
중국의 영향도 있었다.
국공합작이 붕괴된 것.

쑨원 사후 국민당은
공산당과 손잡은 좌파가
주도했다.

불만을 품은 우파들의 도발이
이어지는 가운데

더 이상 공산당과는
함께 할 수 없어.

이어 장제스는 북벌에 나서고,
여러 군벌들까지 가세하면서

1925년 일본에선
보통선거법이 통과되었다.

하지만 이때 치안유지법도
같이 통과되어 민주주의
억압의 길도 열렸다.

이듬해 다이쇼 천황이 죽고
히로히토 천황(1901~1989)이
즉위했다.

1927년 집권한
다나카 기이치(1864~1929)는
육군 대신을 역임한
대표적인 대륙팽창론자.

다나카 내각과 군부는 생각했다.

앞서 본 장제스의 무혈 베이징 입성도
사실은 일본이 배후에서 공작한 덕이라 하겠다.

관동군은 장쭤린을 설득했고
붙어서 깨지느니 물러나 동북이라도 지키는 게…
…
만약 장제스 군이 동북까지 올라오면 우리가 도와줄 게.

장쭤린은 동의했다.
동북으로 돌아간다!

그런데, 선양(심양)으로 돌아가는 길에 돌연 폭발이 일어났고,

장쭤린은 죽고 만다.

이는 육군 수뇌부의 은밀한 지원 아래 관동군 육군 참모들이 벌인 공작이었다.
장쭤린은 다루기가 너무 어려워. 이 참에 없애버리고 어리바리한 놈을 내세워 만주에 대한 권익을 확보한다.
관동군 참모 고모토 다이사쿠 대좌

장쭤린의 아들 장쉐량(1898~2001)이 급히 돌아와 상황을 수습하더니,
이제 동북의 결정권자는 바로 나, 장쉐량!

장제스 정부에 합류해버린다.

사건을 벌인 관동군으로선 상황을 더욱 악화시켜버린 셈이다.

다나카 수상은 이 사건 관련자에 대한 엄정 처벌을 얼버무리다가 결국 내각 총사퇴를 하게 되고

하마구치 오사치(1870~1931)를 총리로 하는 새 내각이 출범했다.

하지만 런던군축회의의 군축조약에 서명하자 야당과 군부, 우익 단체는 격렬히 반대했고,

미국 : 일본 보조함 비율 100 : 69.7 이면 괜찮은 협상 아냐?

시끄! 누가 니들 맘대로 서명하래?

하마구치 수상은 우익 단체 청년의 총에 중상을 입어 이듬해 사망하고 만다.

대륙 진출을 갈망하는 군부와 우익의 입김이 날로 세지고 있었다.

만주 먹고 중국 먹고 세계로!

미국 번영의 상징과도 같은 뉴욕 월스트리트.
주식시장은 오래도록 연일 상승세였다.

공장마다 재고가 쌓여가는가 싶더니
왜케 안팔리지?
자본가만 돈을 벌고 노동자들 임금은 별반 오르지 않으니 살 수가 없잖아.

이로 인한 기업 경영의 어려움이 마침내 주식 폭락으로 이어진 것이다.

주가가 폭락하자 회사들의 자산이 줄어들었고, 은행 부채를 갚지 못해 도산하는 기업들이 속출했다.

실업자가 급증하면서 구직 행렬이 거리를 메웠다.
실업률이 30%에 이르렀고

공업 생산량은 1929년 대비 1932년엔 절반으로.

세계 경제를 이끌던 미국발 공황은 세계로 세계로 확산되었다.
쿠쿠쿠

1920년대 후반, 우리는

단일전선을 위해 신간회가 결성되고, 3·1혁명 이후 최대 규모인 광주학생항일운동이 일어난다!

1925년 4월, 공산주의자들의 다양한 정파가 모여 조선공산당을 창설했다. 하지만 결성 후 3년도 안 되는 사이에 일제의 궤멸적 탄압으로 중앙 조직이 세 차례나 파괴당했다. 코민테른은 1928년 12월 테제에서 조선 공산주의 운동의 문제점을 비판하며 노동자, 농민 속에서 자기 대열을 강화할 것을 강조했다. 이에 조선의 공산주의자들은 지침에 따른 당재건을 준비했다. 한편 만주의 조선인 공산주의자들은 중국공산당에 입당해 중국 혁명과 조선 혁명이라는 양대 과제를 안고 일본 제국주의와 싸워나갔다.

3·1혁명 이후 상하이에서 수립된 대한민국임시정부는 국민대표회의 결렬로 약화되었다. 만주 지역 독립운동 세력도 참의부, 정의부, 신민부의 삼부로 나뉘어 개편되었다. 이에 강고한 일제에 맞서기 위해서는 독립운동 세력을 하나로 통합해야 한다는 주장이 대두되었다. 하지만 만주 지역 삼부통합운동은 혁신의회와 국민부로 나뉘면서 좌절되었고, 중국 관내의 민족유일당 운동도 사회주의 세력과 민족주의 세력 간의 갈등으로 인해 실패로 끝났다.

국내에서는 1927년 민족주의 진영과 사회주의 진영이 협동전선을 모색하면서 신간회가 결성되었다. 신간회는 총독부의 방해에도 불구하고 노동자, 농민, 학생 등의 대중운동 지원에 적극적으로 나섰고, 야학, 강연 등 다양한 일에 앞장서 활동했다. 하지만 광주학생운동의 확산을 위한 민중대회를 준비하던 중 주요 간부들이 검거되면서 새 지도부가 구성되었고, 이후 새 지도부의 활동 방향을 둘러싸고 사회주의 계열이 반발하면서 결국 해소되고 말았다.

3·1혁명 이후 국내 항일운동에서는 학생들이 중요한 역할을 담당했다. 순종의 인산일인 1926년 6월 10일, 학생들을 중심으로 독립 만세 시위가 벌어졌으나 총독부의 경계 강화로 전국으로 확산되지는 못했다. 학생들은 동맹휴학, 독서회 등과 같은 비밀결사 조직을 통해 일제의 민족 차별 교육에 맞섰다. 그리고 1929년 광주에서는 나주역에서 벌어진 한일 학생 간의 충돌을 계기로 일제의 식민 지배와 민족 차별에 대한 분노가 한꺼번에 폭발해 3·1혁명 이후 최대 규모의 항일 민족운동인 광주학생항일운동이 일어났다. 광주에서 시작된 학생운동은 시위 투쟁이나 맹휴, 백지동맹 등 다양한 방식을 통해 전국적으로 확대되었다.

저임금과 차별의 어려움을 겪던 조선인 노동자들은 노동조합을 중심으로 파업투쟁을 전개했다. 1929년 일본인 감독관의 멸시와 차별에 대한 반대로 시작된 원산총파업에는 3개월 동안 2,000여 명 넘는 노동자가 참여했다. 높은 소작료와 지주의 각종 비용 전가로 어려움을 겪던 농민들은 소작쟁의를 비롯한 각종 투쟁에 적극적으로 참여했다. 그리고 청년, 여성, 백정 역시 각자의 자리에서 오랜 사회적 차별과 봉건적 질서에 맞서 저항했다.

1920년대 후반에도 국내외 의열투쟁은 계속되었다. 나석주는 조선식산은행과 동양척식주식회사에 폭탄을 투척했고, 이수흥은 관공서를 피습했다. 타이완에서는 조명하가 일본 육군 대장 구니노미야 구니요시를 척살했다. 한편 독립운동가 내부의 갈등이 심해지면서 미국 내 한인 독립운동을 대표하던 박용만은 베이징에서 의열단원에게 암살되었으며, 청산리전투를 승리로 이끌어 조선인들의 영웅으로 자리 잡았던 김좌진은 공산주의자인 박상실의 총에 쓰러졌다.

모스크바

스탈린의 경제개발 5개년 계획

1927년 소련의 권력을 모두 장악한 스탈린은 1928년 '제1차 5개년 계획'을 수립했다. 스탈린은 이를 통해 농업 국가인 소련을 중공업 국가로 전환시키려고 했다. 이후 농업은 집단화되고 공업에 모든 국가 역량이 집중되면서, 경제 규모가 커지고 군사력은 강해졌지만, 농민은 많은 희생을 치러야 했다.

만주국 국기

일본 관동군은 1931년 9월 만주사변을 일으키고, 1932년 3월 만주국을 세웠다.
만주국은 일본, 조선, 만주, 몽골, 중국의 오족협화와 만주낙토를 표방했으나 실질적 지배자는 일본의 관동군이었다.

우리는	1931	조선어학회	1932	이봉창·윤봉길 의거
세계는		만주사변		독일 나치, 제1당이 됨

35년

창춘(장춘)

1930년대 전반, 세계는 우리는

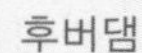

후버댐

뉴딜정책

미국의 루스벨트 대통령은 1929년 10월 뉴욕 주식시장의 주가 대폭락에서 시작된 대공황을 극복하기 위해 구제, 부흥, 개혁 등을 목적으로 하는 새로운 정책 '뉴딜'을 추진했다. 정부의 적극적 개입을 특징으로 하는 뉴딜정책은 공업, 농업, 상업, 금융 등 경제 전 분야에 걸쳐 펼쳐졌는데 다목적 댐 건설 등을 통해 실업자들에게 일자리도 제공했다.

1933	흥경성·대전자령전투 미국, 뉴딜정책	1934	양세봉 피살 순국 대장정	1935	민족혁명당 창당 독일, 재무장선언

1930년대 전반, 세계는

미국에서 발발한 대공황은 1930년대 초반 전 세계를 강타했고

나라마다 서로 다른 돌파구를 찾아나갔다.

미국에서는 1932년 프랭클린 루스벨트가 대통령에 당선되면서 뉴딜정책이 실시되었다.

또한 루스벨트는 테네시강 유역을 개발하는 대규모 공공사업을 일으켜 일자리를 창출해나갔다.
테네시강 유역에 26개의 대형 댐을 건설하는 일이지. 이를 통해 가뭄과 홍수를 대비하고 공업용수, 농업용수를 공급하며 전력도 생산하는 등의 다목적 공사라네.
드디어 일을 한다♪

경제를 시장에만 맡겨두지 말고 정부나 공공부문이 나서서 유효수요를 창출해야 한다는 나의 이론을 받아들인 정책들이지.
J. M. 케인스

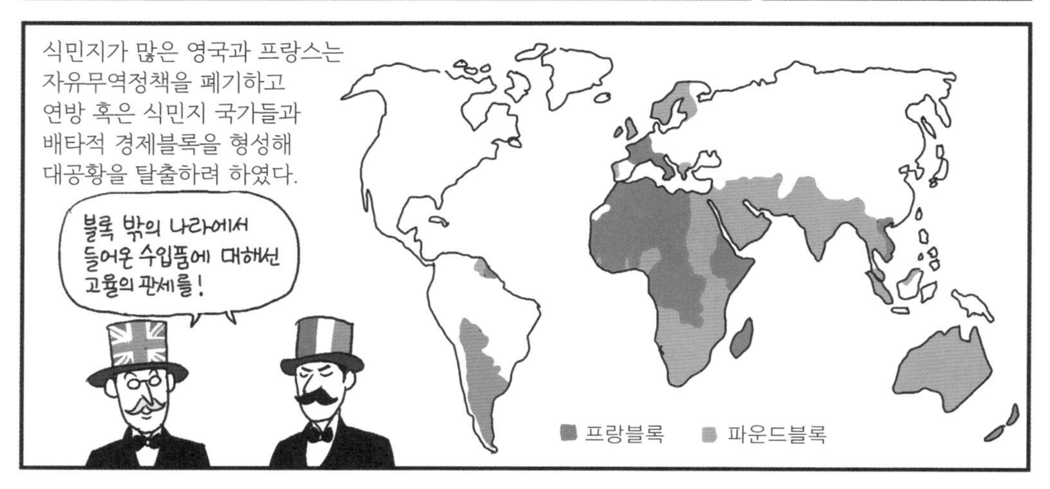
식민지가 많은 영국과 프랑스는 자유무역정책을 폐기하고 연방 혹은 식민지 국가들과 배타적 경제블록을 형성해 대공황을 탈출하려 하였다.
블록 밖의 나라에서 들어온 수입품에 대해선 고율의 관세를!
프랑블록
파운드블록

겨우 살아나던 독일 경제도 대공황으로 심대한 타격을 입었다.
기업은 줄도산에 은행은 문 닫고 실업자는 쏟아지고…
이럴 땐 강력한 지도자가 있어야.

1930년 총선에서 18.2퍼센트의 득표율로 제2당에 올라섰던 나치는 1932년 대통령 선거에서 히틀러를 후보로 내세워 36.8퍼센트를 득표하기에 이른다.
80대 중반인데 대단하네.
힌덴부르크 53%
하지만 곧 나의 시간이…

공황의 심화와 민심 이반에
대통령 힌덴부르크는
히틀러를 총리에 임명한다.

1934년 힌덴부르크가 사망하자
히틀러는 대통령을 겸하게 된다.
심플하게 총통이라 불러.

이어 보수파와 군부의 지지를 업어
일당독재체제를 구축한다.
바이마르공화국은 이제 끝났다.
사회민주당은 불법화한다.
비상시국인만큼 입법도 전권을 위임받아 정부가 행한다.
지방의회도 폐지.

히틀러 역시 국가의 적극적 개입 전략을 폈다.
토목사업과 군수산업을 일으키면서 600만에 이르는
실업 문제를 해결했다.
아우토반 건설 공사도 이때의 일.

경제는 빠르게 안정되어갔고, 히틀러와 나치에 대한
국민적 인기가 치솟았다.
히틀러! 히틀러!

히틀러는 아리안 민족의 영광을 내세우며
본격적인 재무장의 길로 독일을 이끈다.
베르사유 조약 폐지. 징병제를 실시해 강한 군대, 강한 독일을 만든다!
군을 기계화, 현대화하고 공군을 창설한다.

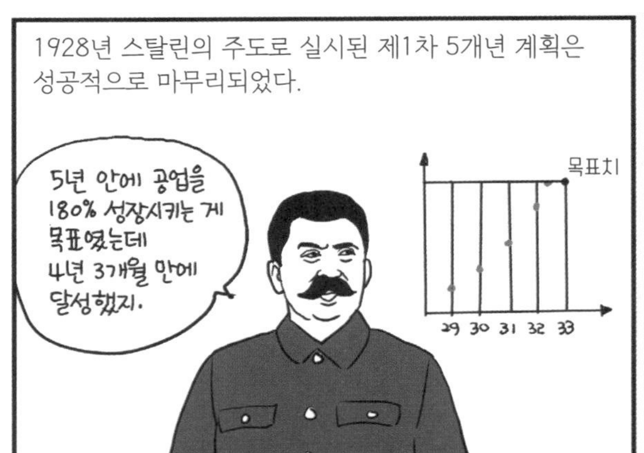

급속한 자본축적의 길을 강제적인 농업집단화정책에서 찾은 것이다.

외국 자본의 지원도 없이, 축적된 자본도 없는 우리로서 급속한 공업 발전을 이루려면…

집단화, 기계화를 통해 생산력을 드높이고 남는 노동력은 도시 노동자로 만들고 잉여생산물은 공업원료로 쓸 수 있게 하자.

스탈린은
설득과 선전을 강화해서 자발적으로 참여케 하라!

멈추지 않았다.
그래도 안 들으면 힘으로 밀어붙여!

이 과정에서 1,000만의 농민이 희생되었다.

1931년에 50퍼센트를 넘긴 집단화율이
1936년에는 90퍼센트에 이르게 된다.
자! 이제 우리 모두의 농장인 집단농장에서 보람찬 하루 일을 시작하겠습니다.

1933년엔 제2차 5개년 계획이 실시되는데
계속해서 중공업우선주의로!
특히 전차, 비행기 등 군수산업에 총력을!

유럽에서 가장 후진적인 농업 국가였던 소련은
제2차 계획이 끝나는 1938년에 이르러
유럽 제1의 공업 생산국으로 탈바꿈하게 된다.

스탈린의 절대권력화가 진행되고
당내 민주주의가
날로 위축되어갔지만
스탈린 동지께서 이미 교시하셨는데 무슨 소리들 하는 게요?

문맹률이 극도로 낮아지고
혁명 이전에 90% 넘었던 문맹률이 10% 미만으로.

노동자, 농민의 자녀가 대학에 진학하는 등의 변화가 있었으며
내 딸이 대학엘 가다니! 옛날 같으면 상상이나 했겠수?

각종 복지제도가 실시되었다.
무상 의료제가 실시되고,
노동자 연금제도도.

이런 소식들은 눈부신 성장 모습과 함께 여전히 세계의 노동자, 농민, 식민지 민중과 지식인 들에게 기대를 안겨주는 힘이 되었다.
그래도 역시 사회주의 나라가 다르긴 다르구나.
우리도…

공황은 일본에도 거대한 충격으로 다가왔다. 실업자가 급증하고

농산물 가격이 폭락하면서 농촌이 피폐해졌다.
실업자가 되어 고향에 돌아와보니 여기 형편은 더하군 그래.

하지만 이때 금융 재벌들은
상황을 보아하니 금본위제를 포기할 수 밖에 없을 듯.
그리 되면 엔화 가치가 떨어지겠지. 그렇다면 달러를 사야.

오히려 부를 늘렸다.

이런 상황 전개는 대부분이 농촌 출신이었던 청년장교들을 더욱 군국주의의 길로 내몰았다.

이들은 대개 육사는 물론 육군유년학교를 나왔다.

13세 어린 나이부터 군사훈련과 전쟁 준비만 해온 이들은

극우 사상가들이 낸 책을 보며 군국주의자로서의 신념을 다져나갔다.

군국주의에 매료된 청년장교들은 하나같이 대륙으로의 팽창을 꿈꾸었다. 그 선두에 관동군이 있었다.

관동군은 일본이 러일전쟁의 승리로 얻은 뤼순, 다롄 조차지와 남만주철도 권익을 지키기 위해 편성된 군대.

관동군은 물론 일본 육군은 만주를 자신들의
특수 이해로 보았다.
당연하잖아.
엄청난 전비와 희생을
치르며 러시아와 싸워서
힘들게 승리했는데
기껏 남만주철도와
뤼순, 다롄 조차지로
만족할 순 없잖아.

그래서 만주 지역이 통일중국으로
편입되는 것을 원치 않았다.
그럼 우리가
다루기
어려워져.
손쉽게
다룰 수 있는 자를
내세워 각종 이권을
얻어내야지.

그런데 만주의 권력자 장쭤린이
호락호락하지 않았고,
이용당해주지만
나 역시 일본을
이용한다는 거.
중요한 건
밀당~

무리수를 두어 폭사시켰더니
아들 장쉐량이 뒤이어
권력을 장악해서는
더욱 곤란한 입장을 취한다.
장제스 지지!
중국 통일!
동북에도
청천백일기를!

일본과 맺은 각종
불평등 조약들도
폐기할 터.
만주철도와
조차지도
되찾아야지.
갈수록
태산일세.

공황을 겪고 있는
본국의 형편을 봐도
그렇고
우리의 특수 이익을
지키기 위해서도
그렇고
무리수를 둬서라도 장쉐량을
어찌해버리면 좋겠는데
장제스가 가만 있지 않겠지?
미국이나 소련도
간섭하려들 테고.
끄응~~

이때 이시와라 간지가 등장한다.
최상위 성적으로 일본육사, 일본육군대학을 나온 이단아, 전략의 천재라 불리는 사내.
이시와라 선배님!!

이시와라는 세계최종전쟁론을 주창하고 있었다.
세계는 급격히 블록화의 길을 가는데 크게 네 개의 연합으로 정리되고 있지. 유럽, 소련, 그리고 미국을 맹주로 하는 남북아메리카, 우리 일본이 이끄는 동아시아 연합, 이렇게.

이들이 준결승을 거쳐 최종적으론 동아시아와 아메리카가 남아 결승전을 치르게 돼. 곧 일본이 이끄는 동아시아의 왕도와 미국이 이끄는 서양의 패도 사이에 최종전쟁이 벌어지는 거지.
이 전쟁을 통해 어쩌면 지구상의 인구 절반이 사라질 지 몰라도 결국 우리 일본이 최종적으로 승리해 지구를 하나로 통일하고 진정한 세계평화가 실현되는 거야.
USA
USA
USA

그런데 미국과의 최종전을 펼치려면 자원과 생산력이 받쳐줘야 해. 자원이 풍부한 만주가 꼭 필요한 이유라네.

만주에 말 잘듣는 우리 편 정부를 세우려고만 하니 그렇지. 만주를 아예 점령해 영유해버리면 되지 않겠어?
우리가 전격적으로 만주를 공략해도 소련은 경제개발 5개년 계획이다, 농업집단화다 하는 내부 일로 정신이 없어 개입하지 않을 테고
장제스도 공산군과의 싸움이 한창이라 섣불리 움직이지 못할 테고 베이징의 장쉐량도 우물쭈물하며 나서지 못할 거야.
아…

만몽(만주와 몽고)에 대한 관동군의 전통적
사고를 지키면서 동시에
뒤집는 구상이었다.
미국은 개입하려 들지도 몰라. 어차피 미국과의 일전은 피할 수 없는 것. 그렇기 때문에 더욱 만주가 필요하다고.

이시와라 중좌의 계획에 관동군 고급참모인
이타가키 세이시로 대좌와 관동군 사령관
혼조 시게루가 동의했고,
이시와라!
자네 진짜 천재구만.
콜!

은밀히 계획이 진행되었다.
과연 만몽 영유의 숙원과 자원 부족, 대공황 같은 본국의 막힌 문제들도 풀면서
국가개조를 선도하고 조선도 안정화시키면서 대소련 전략 거점도 마련하고 일거다득의 길입니다.

1931년 나카무라 대위
피살 사건과
나카무라 대위가 중으로 변장해 첩보활동을 벌이다 중국군에게 발각돼 피살된 사건이고요,

완바오산(만보산) 사건이
일어나면서
창춘(장춘)현 만보산 지역에서 일어난 한,중 농민간의 갈등을 일본이 이간질하여 크게 확대시킨 사건입니다.

일본 내에는 반중 여론이
거세게 일었다.
중국놈들 용서 못해!
미개한 중국놈들에게 본때를 보이자!
지나는 사과하라

때가
무르익었습니다.
그렇습니다.
사령관 각하!

관동군은 1931년 9월 18일 늦은 밤, 펑톈(봉천) 인근의 류타오후에서 만철선을 폭파하고
콰과과광
중국 군복을 입혀 갖다놓은 시체들

혼조 사령관은 일본 정부나 육군본부에 알리지도 않은 채 이렇게 명한다.
중국군이 우리 대일본제국 관할인 만철선을 폭파했다. 무적의 관동군 병사들이여!
즉각 동북군을 공격하라! 펑톈을 점령하라!

불과 몇 시간 뒤인 다음 날 새벽, 독립수비대 2개 대대가 중국 동북군 북부사령부를 공격한 것을 시작으로
쾅
콰쾅

1만 수천 명의 관동군이 작전에 돌입했다.

사전에 뜻을 같이하기로 밀약한 조선군 사령관 하야시 센주로도
걱정 마시게.

상부의 승인 없이 4,000여 조선주차군을 급히 만주로 파병했다.

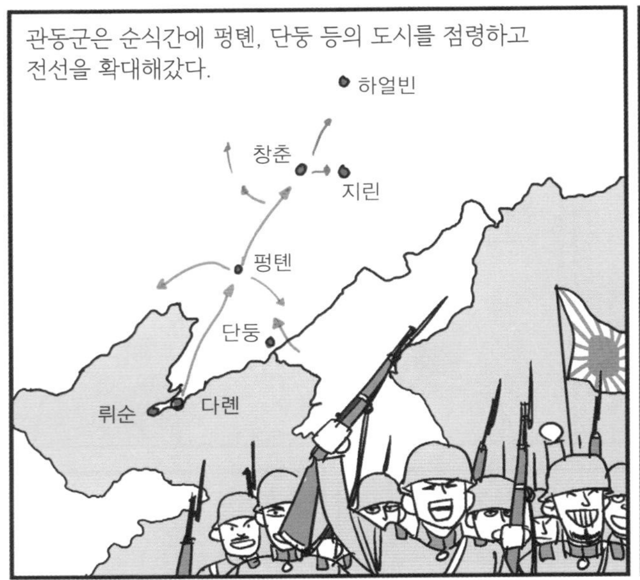
관동군은 순식간에 펑텐, 단둥 등의 도시를 점령하고
전선을 확대해갔다.
하얼빈
창춘
지린
펑텐
단둥
뤼순
다롄

당시 동북군은 25만. 만주에 11만이
남아 있었는데 무저항으로 일관했다.
이거 뭐 완전
거저잖아!
쟤들은
뭐냐?
ㅋㅋ

나머지 14만과 함께 베이징에
주둔 중이던 장쉐량의 명에
따른 것이다.
저항하지
말고 피하라!

장쉐량 나름의 정치적
계산도 있었을 테고,
일본군과 싸우면
질게 뻔한데
동북군이 무너지고 나면
내 입지도 우스워져.

장제스의 입장도 영향을
미쳤을 것이다.
양외필선안내
(攘外必先安內!)
밖을 물리치려면 먼저
안을 안정시켜야.
즉, 공산당 토벌이
먼저란 얘기.

국제연맹이 강력히 나서며
일본 정부를 압박했고
일본군은 즉각
만주에서 철병해
원상복구하라!

예기치 못한 사건의 발생과 사태 전개에 경악한
일본 정부도 서둘러 다음과 같이 공식 입장을 천명했다.
일본은 사태를
확대시키지 않을 것입니다.
아울러 만주에서 관동군을
조기 철병시킬 것입니다.

기막힌 정세판단과
목숨을 건 전격적인
결단과 행동으로
기껏 만주를 손 안에
넣었더니 뭐?
철수하라고?
장난해?!

만주침공의 주역들은 분개했지만
한발 물러서는 결정을 내리는 한편,
정부가 저렇게 나오는데
무조건 우리 입장만
고수하다간 반역으로
몰릴 수 있습니다.
독립국가를 세워
국제사회의 비난을 막고,
실제로는 점령과
다를 바 없이
통치하는 길을…

정부에 이렇게 통보했다.
만일 독립국가 건설안마저
받아들이지 않는다면
우리는 일본 국적을 버리고서라도
목표를 향해 돌진할 것.

관동군의 성과에 열광한
일본 내 여론은 관동군의 안을
적극 지지했다.
애국
관동군
만주독립국안 지지

결국 관동군 철병을
국제사회에 약속했던
내각이 총사퇴하고

새 내각은 독립국가
건설안을 추인한다.
관동군 안을
지지한다.

이에 따라 1932년 3월 1일, 오족협화를 내세운 만주국이 출범한다.
오족협화를 표현한
만주국 국기
(노랑 : 만주, 빨강 : 일본,
파랑 : 한족, 하양 : 몽골,
검정 : 조선)
滿洲帝國郵政
慶祝建國十周年
오족협화를 표현한 수립 10주년 기념우표

청나라 마지막 황제였던 푸이가
허울뿐인 집정관에 앉았다.

각부의 수장은 중국인이 맡았지만 실권은 다음 지위인
일본인에게 있었다.
그리고 최종결정권은
우리 관동군에게.
한마디로 만주국은 우리 거.

이때 일본은 열강의 눈을 돌리기 위해
상하이도 공격했다.

일본인 승려 등이
중국인들에게
피살당한 일을 구실로
소란이 일게하여
군사개입을 한 거죠.
이름하여 상해사변!
사실 중국인들을 시켜
일본인 승려 등을 죽인 것도
우리가 기획한 일이지.
중국은 사죄하고 범죄자는

그런데 국민당 제19로군이
적극 방어에 나서 일본군을
상당히 괴롭혔다.

일본군은 대규모 응원군을 보내고
나서야 상하이를 점령할 수 있었다.
중국군들 완전
물로 봤는데
제법 세잖아.
그러게
만주에서랑은
다른데.

상하이에 조계가 있는
미국, 영국, 프랑스,
이탈리아는 서둘러
중재에 나섰고,
이러다
우리 조계가
큰 피해를
입겠어요.

결국 일본과 장제스 국민당 정부 사이에
송호협정이 체결되면서 상하이사변은 마무리되었다.

만주국 수립은 상하이사변에서
송호협정으로 이어지는 사이에
이루어졌다.

하지만 국제연맹은 만주국을
인정하려 하지 않았다.

이에 아랑곳하지 않고 관동군은
점령지의 확대를 꾀했다.
러허성(열하성)을 공격한 것.

그리고 일본은 아예
국제연맹을 탈퇴해버린다
(1933년 3월).

이제 수도인 베이징까지 위험해진 상황.
장제스는 서둘러 관동군과 정전협정을
체결한다(탕구(당고)협정).

중국군은 화북 이남으로,
일본군은 만리장성 이북으로 철수하고
화북 일대는 비무장지대로.

그렇게 만주국은 현실의 존재가
되었지만

완강한 내부 저항에 직면하게 된다. 장쉐량의 비저항
방침에 반발한 구 동북군 상당수가 자위군으로 전환해
항일투쟁에 나섰다.
民衆自衛軍

그리고 공산당 세력이 유격투쟁을 선언하면서
각지에서 항일유격부대가 조직되었다.

재만 조선인들도 독립군으로, 유격대로
항일투쟁에 더욱 적극적으로 나섰다.

한편, 홍군 토벌에 나섰지만 패배를
거듭하던 국민당군은

1931년 봄, 전열을 정비하고 총공세에 나섰다.
나 장제스가 직접
30만을 이끌고
나섰다네.

승리를 눈앞에 둔 때에
만주침공이 있었다.

장제스는 국제연맹을 통해
외교적으로 문제를 풀려 했다.

반면 공산당은 즉각
항일선언을 발표했고

만주에 직접 당원들을 파견해 유격부대
창설을 돕도록 했다.

민중들과 학생들도 항일운동에 떨쳐 나왔다.

송호협정, 탕구협정으로 일본과의 문제가
정리되었다고 판단한 장제스는 홍군 토벌 작전을
재개한다. 100만의 병력에다

비행기, 전차까지 동원되었고,

홍군 근거지인 소비에트에 대한 철저한 경제봉쇄가 병행되었다.
식량, 소금, 약품을 비롯해 어떤 것도 들어가지 못하게!

더 이상 버틸 수 없다고 판단한 홍군 지휘부는 소비에트를 포기하고 장정에 나섰다.

첫 한 달에만 2만 5,000명이 희생되는 무모한 장정이었다.

석 달 뒤 쭌이에서 지난 실패를 분석하고 마오쩌둥에게 당의 지도권을 안겼다.
항일을 위해 북상한다. 우리의 임무는 단순한 전투가 아니라 대중활동과 대중조직화에 있다.

루딩교전투 등 숱한 전설을 만들어내며

1년여 만에 홍군은 마침내 산시성에 도착해 대장정이 끝났음을 선포했다.
와아

11개의 성을 지나면서 18개의 산과
숱한 강을 건넜다.

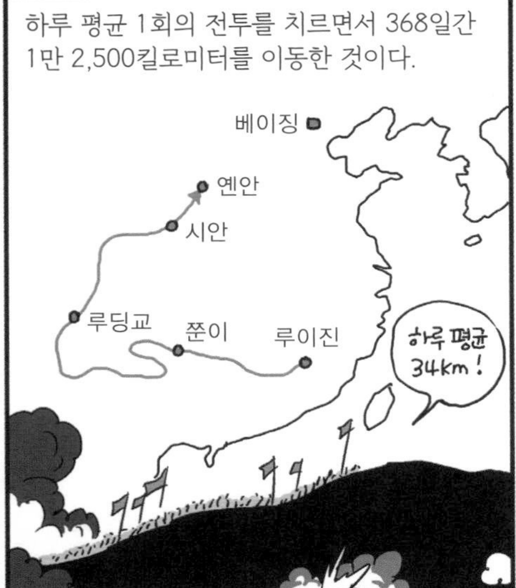
하루 평균 1회의 전투를 치르면서 368일간
1만 2,500킬로미터를 이동한 것이다.
베이징
옌안
시안
루딩교
쭌이
루이진
하루 평균 34km!

대장정을 끝냈을 땐 출발 시 병력의
10분의 1밖에 남아 있지 않았지만
최정예 부대로 거듭났다.

또한 대장정의 과정에서 마오쩌둥의
지도력이 공고해졌고,

지나온 곳마다 홍군과 공산당에 대한 지지가
뿌리를 내렸다.
中国共産党萬歲!
抗日鬪爭萬歲!!
군기 엄정하고
예절 바르고
공산당
홍군
항일 의지도 분명해. 진짜 애국세력.

칠률 장정(七律 長征)

마오쩌둥

홍군은 고단한 원정遠征길 두려워 않고
깊은 강물, 험난한 산도 대수롭지 않다네
끝없이 이어진 다섯 봉우리는 잔잔한 물결 같고
웅대한 오몽산烏蒙山도 발아래 진흙 덩이일세
금사강金沙江물 출렁대는 깎아지른 절벽은 따스하고
대도하大渡河에 가로걸린 쇠사슬 다리는 차갑기만 한데
반갑구나 민산岷山 천 리 길 뒤덮는 눈발이여
삼군은 무사히 당도해 병사들 얼굴에는 웃음꽃 활짝

紅軍不怕遠征難 萬水千山只等閑 (홍군불파원정난 만수천산지등한)
五嶺逶迤騰細浪 烏蒙磅礴走泥丸 (오령위이등세랑 오몽방박주니환)
金沙水拍雲崖暖 大渡橋橫鐵索寒 (금사수박운애난 대도교횡철색한)
更喜岷山千里雪 三軍過后盡開顔 (경희민산천리설 삼군과후진개안)

1935년 10월, 대장정이 민산(4,500미터의 높이로 사시사철 눈이 있어 대설산(大雪山)이라 불린다)을 넘어 마무리된다. 마오쩌둥은 이날을 기념하여 시를 지었다. 사진은 대장정 종료를 알리는 연설 장면.

1930년대 전반, 우리는

만주의 무장항쟁은 거세지고, 임정은 한인애국단을 결성해 이봉창, 윤봉길 의거를 주도한다!

1930년대에 전 세계를 휩쓴 세계 경제공황 속에서 세계 각국은 이를 극복하기 위해 노력했다. 미국처럼 자본이 많은 국가는 국가가 자본을 쏟아 부음으로써 일자리를 만들어 내는 뉴딜 정책을 실시했고, 영국이나 프랑스처럼 식민지가 많은 국가는 블록경제를 통해 과잉생산된 물건들을 식민지에서 소비하는 방식으로 경제공황을 극복해나갔다. 그렇지만 독일이나 일본처럼 자본이나 해외 식민지가 없는 국가들은 경제공황을 극복하는 방법으로 대외 팽창을 선택했다. 이를 위해 일본은 본격적인 대륙 침략에 앞서 1931년 만주사변을 일으켰고 만주국을 자신들의 괴뢰로 만들었다.

일본은 침략 전쟁 수행을 위해 식민지 조선에 대한 정책을 변경했다. 그 변화는 제6대 총독 우가키가 추진한 조선산업개발 정책과 내선융화 정책으로 대표된다. 1930년대 초반의 식민지 정책은 이후에 있을 중일전쟁과 제2차 세계대전 국면에서의 병참기지화 정책, 국민총동원운동의 토대가 되었다.

일제의 지배에 맞서 국내외 여러 세력들의 독립투쟁이 지속되었다. 1928년의 12월 테제에 따라 사회주의자들은 신간회를 민족개량주의자들의 단체로 몰아 신간회를 해체하고 적색노동조합 및 적색농업조합 운동으로 선회했다.

신간회 해체 이후 민족주의 진영에서는 정치적 독립투쟁 대신 〈조선일보〉나 〈동아일보〉 등이 주도한 농촌운동, 조선어학회가 주도한 한글맞춤법통일안 제정 및 민족 사학 등과 같은 국학운동을 진행했다.

1931년 만주사변 이후 만주에서의 무장 독립투쟁은 더욱 어려워졌다. 그런 와중에도 북만주에서는 지청천을 중심으로 한국독립군이 조직되었고 중국 항일군과 연합하여 일만연합군과 전투를 벌였다. 쌍성보전투, 대전자령전투 등이 대표적이다. 그렇지만 곧이어 중국 항일 부대와의 갈등 및 중국 관내 김구의 요청 등으로 인해 한국독립군은 임시정부에 대거 합류하게 되었다. 남만주에서는 양세봉이 이끄는 조선혁명군이 활발하게 활동했으나 양세봉 전사 후 세력이 약화했고 결국 소멸되었다. 한편 한국독립군, 조선혁명군과 같은 민족주의 계열의 무장 독립운동 단체와 별도로 중국공산당이 주도하는 항일유격대가 조직되었는데 여기에 허형식, 김일성 등 조선인 공산주의자들이 대거 참여했다.

중국 본토에서 침체에 빠진 대한민국임시정부를 유지하기 위해 노력하던 김구는 새로운 활로를 개척하기 위해 한인애국단을 결성했고, 이봉창과 윤봉길 의거를 일으켰다. 이후 임시정부 위상은 매우 강화되었다. 한편 의열단을 이끌던 김원봉은 중국국민당의 지원을 받아 조선혁명군사정치간부학교를 설립하는 한편 중국 관내 여러 독립운동 세력을 모아 1935년 민족유일당 성격을 띤 민족혁명당을 창당했다.

폴란드 침공

오스트리아, 체코슬로바키아를 합병한 히틀러는 소련과 독소불가침조약을 체결하더니 1939년 9월 폴란드를 침공했다. 이에 폴란드의 동맹국이었던 영국, 프랑스가 독일에 선전포고를 하게 되고 유럽에서의 제2차 세계대전이 시작되었다.

폴란드

스페인

스페인내란

1936년 2월 스페인 총선거에서 승리한 인민전선이 개혁 정책을 실시하자 이에 반대하는 프랑코가 쿠데타를 일으켜 내란이 일어났다. 각국의 공산주의자, 자유주의자, 무정부주의자들이 인민전선 편에 참여해 20세기 이념의 격전장이 되었다.

시안사건

만주사변 이후에도 중국국민당 정부는 일본과의 전면전을 피하고 중국 내부의 공산당을 토벌했다. 이에 장쉐량은 1936년 12월 12일 장제스를 감금해 공산당과 내전을 중지하고 일본에 맞설 것을 강요했다. 장제스가 수용하면서 제2차 국공합작이 시작되었다.

		1936		1937
우리는		일장기말소사건		고려인, 중앙아시아로 강제 이주
세계는		시안사건, 스페인내란		중일전쟁 발발

35년

1930년대 후반, 세계는 우리는

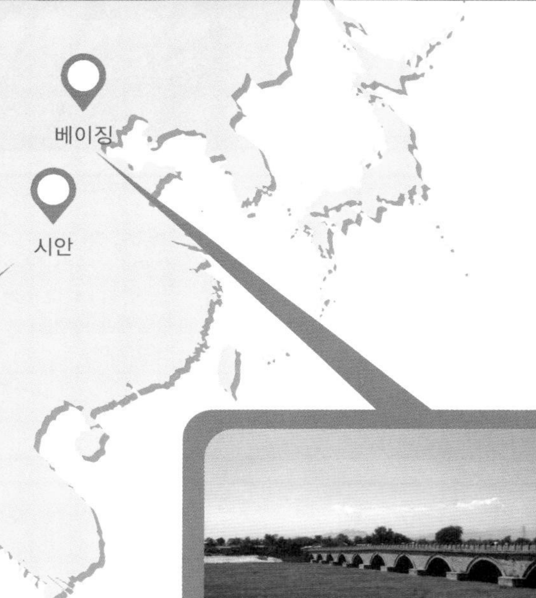

루거우차오사건

1937년 7월 베이징의 루거우차오 인근에 행방불명자가 생겼다는 구실로 일본군이 주력부대를 동원해 루거우차오를 점령한 사건이다. 일본 정부는 이 사건을 중국 침략의 기회로 삼아 중일전쟁을 일으켰다.

연도	우리는	세계는
1938	조선의용대 창설	뮌헨회담 개최
1939	국민징용령 실시	제2차 세계대전 발발
1940	한국광복군 창설	프랑스, 독일에 항복

1930년대 후반, 세계는

파시즘 체제를 강화하고

재무장을 다그치는 히틀러의 나치 독일에

소련은 긴장했다.

1935년 7월 모스크바에서 열린 코민테른 제7차 대회에 이런 우려가 반영되었고,

좌경적이었던 제6차 대회와는 전혀 다른 결정이 내려졌다. 반파시즘 인민전선 노선이 채택된 것이다.

유럽에서의 침략적 파시즘은 무솔리니의 이탈리아가 열었다.
렛츠고!

1935년 국제사회의 반대를 무시하고 에티오피아를 침공, 1936년 수도 아디스아바바를 점령한 것이다.
엄청 힘들게 점령하는 바람에 우리의 실력이 다 들통나고 말았지만.

국제연맹이 비난하자 탈퇴로 응수했다.
만주 침공 후 국제연맹을 탈퇴한 일본을 보고 배웠지. 탈퇴해도 제재를 가하지 못하더라고.

코민테른이 내세운 반파시즘 인민전선의 실험장은 스페인이었다. 1936년 2월 총선에 승리한 인민전선이 본격적으로 개혁 정책을 실시하자
토지개혁, 교회 재산 몰수!

기득권인 가톨릭교회, 지주, 자본가, 군부 세력은 반발했고
빠드드드득

1936년 7월 프랑코가 이끄는 군부가 쿠데타를 일으켰다.
빨갱이 타도!!

이에 독일과 이탈리아가 탱크, 비행기 등 무기와 병력까지 파견해 프랑코 반란군을 적극 지원했다.
딱 봐도 우리 편!
팍팍 밀어줘야지. 신무기 테스트도 하고 ♫

소련은 인민전선 정부군을 지원했다. 그리고 각국의 공산주의자, 자유주의자, 무정부주의자들이 동참해 인민전선 편에서 싸웠다.
어니스트 헤밍웨이
우리도 참여했지.
조지 오웰
반파시즘 깃발 아래~

영국과 프랑스는 못 본 척했다.
국제연맹의 불간섭주의에 따라.
솔직히 인민전선 정부가 공산주의에 너무 기울어 있는 것도 걸리고.

3년에 걸친 내전의 결과 프랑코 반군이 승리했다.
이후 나는 1975년까지 집권했지.

침략적 파시즘의 원조는 누가 뭐래도 일본이다. 본국의 훈령까지 무시하며 만주를 침공했고,
펑톈
단둥
다롄

결국 괴뢰 만주국을 만들어낸 일본 군부엔 야심가들이 넘쳐났다.
나도 만주침공을 설계하고 주도한 이시와라 간지처럼 …

군부가 주도하는 정부는 런던군축회의를 탈퇴하고
본격적으로 군비 확장에 들어갔다.

제국군은 미국과 소련을 목표로 하면서 중국과 영국에도 대비한다.
50개 사단을 기간으로 140개 항공 중대, 주력함 12척,
항공모함 10척 등을 갖춘다.

- 1936년 제국국방방침 중

한편 군부는 중국에 대한 야심을
점점 더 노골화해나간다.

이런 움직임에 중국의 학생, 지식인 들은 격렬한
항일운동으로 대응했다.

대장정의 마무리에 들어선 중국공산당은 '항일 구국을 위해 중국공산당이 전체 동포에게 알리는 글'을 발표했다(8·1선언, 1935년).

그러나 장제스는 도리어
수천 명 항일 활동가를 비롯해
항일운동 지도자들을 체포했다.

만주를 잃은 동북군의 지도자
장쉐량은 이즈음 고민이 많았다.

결국 그는 공산당과 비밀리에 협정을 맺고
적대 행위를 중지하기로 했다.

때마침 장제스는 제6차 공산당 토벌을 위해
비행기 100대를 거느리고 시안(서안)으로 날아왔다.

둘은 의견이 갈렸다.

1936년 12월 12일, 장쉐량은 쿠데타를
일으킨다.

장제스는 체포되어 연금당하고

장쉐량은 8개 항의 요구 조건을 대내외에 밝혔다.

공산당 측에서 저우언라이가
달려오고,

국민당 측에선 장제스의 부인 쑹메이링과 그의 오빠이자
국민당의 실력자인 쑹쯔원이 날아왔다.

감금 상태에서 제2차 국공합작에 대한
논의가 이루어지고

마침내 합의에 이르렀다. 문서화를 요구하는
저우언라이에게 장제스는 이렇게 말했다.

장제스는 장쉐량을 대동하고
돌아갔다.

장쉐량은 이 일로
장제스의 명에 따라
구금되었다.

1937년 2월 국민당 제5기 3중전회는 공산당과
약속한 대로 일치항일의 방침을 채택했다.
일치항일!

일본 군부는 이런 중국의 변화를
대수롭지 않게 보았다.
그래봐야 허당!
3 개월이면 제압 가능. 청일전쟁 때 겪어봤잖아.

1937년 7월 베이징 인근
루거우차오(노구교) 부근에서

일본군이 훈련하고 있을 때
총성이 몇 방 울렸다.
탕 탕…

긴급 인원 점검을 한 뒤
한 명이 빈다. 중국군 때문이야. 응징한다!
저 여기 있어요~

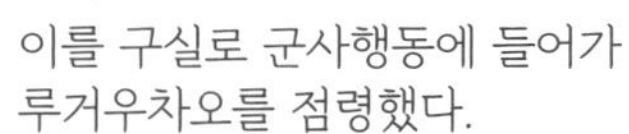
이를 구실로 군사행동에 들어가
루거우차오를 점령했다.

결국 중국군이
물러나기로
협정을 맺었는데

만주침공 때와는
양상이 달랐다.
이번엔
일본 정부에서
확전을 꾀한
것이다.
이는 계획적인 무력도발이다. 용서할 수 없다.

대규모 증원군이 들어오고 일본은
전면적 침략 전쟁으로 나왔다.

중국공산당도,

국민당도 전면 항전을
선언했다.

일본군은 베이징과
톈진(천진) 일대를 쉽게
점령했다.
속전
속결ㅋ
허당
중국!

하지만 이후 중국의 저항은
일본군의 예상보다 훨씬
강력했다.
어라!
이것들이 뭘
잘못 먹었나?

안 되겠군. 중국의
본거지인 상하이와
난징을 쳐서
장제스를 협상장으로
끌어내자.

그러나 상하이에서 일본군은
더욱 고전했다.
으아~
이 허당들이
갑자기
왜 이래?

중국군은 물론

학생, 노동자 들까지 나서서
완강히 저항했다.

난징대학살을 그린 중국의 기록화

유럽에선 히틀러가 이끄는 나치 독일이 본격 침략의 길로 나선다. 오스트리아를 합병하고(1938년 3월)
우리랑 같은 게르만 민족 국가니까.

체코슬로바키아의 주데텐란트 지역을 요구했다.
여기도 게르만 민족이 다수인 땅
폴란드
체코
오스트리아

유럽의 전통 강자인 영국과 프랑스.
어떡하지?
괜히 히틀러의 성질을 건드리는 것보다는 적당히 달래는 게 낫지 않을까?
독일이 그래도 공산주의 소련을 막는 방파제 역할을 해내고 있으니.
그치!

영국과 프랑스는 독일, 이탈리아와 뮌헨에서 회담을 갖고 히틀러의 요구를 들어주기로 한다(1938년 9월).
우리는 주데텐란트 지역 합병을 독일의 영토 회복으로 인정한다. 대신 더 이상은 탐내지 않기.
콜!
우리 땅을 우리랑은 상의도 없이 저들 맘대로…
체코…

협정을 마치고 돌아온 영국 총리 N. 체임벌린은 말했다.
독일에서 명예로운 평화를 가지고 왔다. 이것이 우리 시대의 평화라 믿는다.

그러나 히틀러는 몇 달 뒤 보란 듯이 체코를 침공해 남은 영역까지 점령해버렸다.

독일의 이웃 폴란드는 서둘러 영국과 안전보장조약을 체결했다.
미… 믿어도 되겠지?
왜 이래? 나, 영국이야.

그런데 이때 유럽을 놀라게 한 관계 변화가 생긴다. 독소불가침조약이 조인된 것이다(1939년 8월).
독일 외무장관 리벤트로프
소련 외무장관 몰로토프

헐!
반공을 앞세우는 나치 독일과 공산주의 총 본산인 소련이 손을 잡아?
이 무슨 조합이지?

히틀러와 스탈린의 이해가 맞아떨어진 결과다.
이제 곧 프랑스와 영국을 쳐야하는데 동쪽을 안정시켜 놓아야!
독일은 물론이고 영국, 프랑스도 호시탐탐 우리를 무너뜨리려 해. 이 기회에 준비할 시간도 벌고 독일을 막을 방어벽도 구축해야지.

이때의 비밀협약.
중앙 유럽을 나누어 관할합시다. 서쪽은 우리 독일이.
동쪽인 리트비아, 에스토니아, 핀란드, 루마니아, 리투아니아는 우리 소련이.
폴란드는 반띵!

1939년 9월, 영국과 프랑스의 거듭된 경고를 무시하고 마침내 독일이 폴란드를 침공하면서 제2차 세계대전의 막이 오른다.

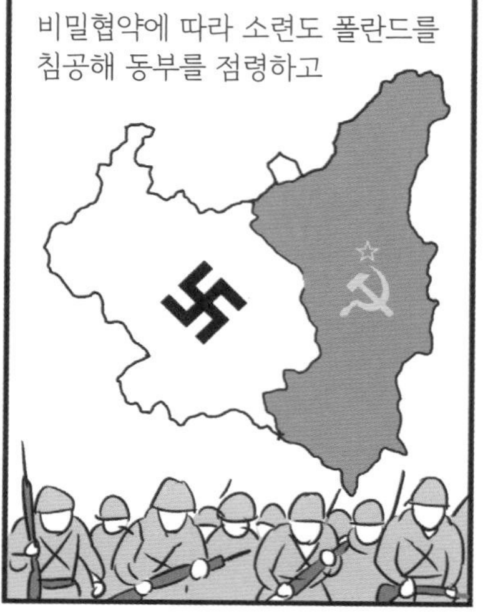
비밀협약에 따라 소련도 폴란드를 침공해 동부를 점령하고

새 전술에 걸맞은 무기 체계.
독일군은 압도적으로 강했다.

처칠이 이끄는 영국은 완강하게 저항했고

히틀러는 영국 점령을 단념한다.

영국은 이 정도로 기를 죽여놨으니 됐고 이제 본래의 구상대로 가자.

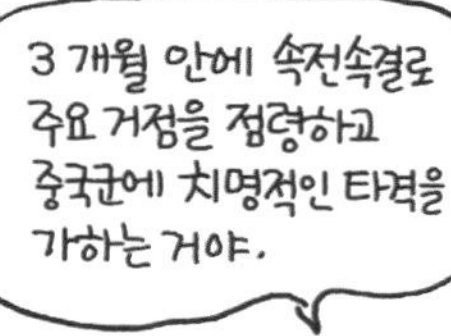

베이징에서 광둥까지 상당히 넓은 지역을
점령했지만 전쟁은 교착상태에 빠졌다.
끄응~

점령지 밖에선 중국군의 반격이 이어지고

점령지 안에선
게릴라의 공격이
잇따랐다.

점령지를 유지하기 위해 85만의 군대가 묶여야 하는 상황이 된 것이다.
점령해 봤자 온전히
우리 영토가 되지도 못하고
점령 상태를 유지하려면
막대한 병력과 유지 비용,
전쟁 비용이 발생하고…

장제스가 항복하거나
협상을 구걸할 것
같진 않고.
할 수 없지.
제2, 제3의
만주국을
세워나가는 수 밖에.

1937년 12월 베이징을 중심으로 중화민국
임시정부를 세우고

1938년 3월에는 난징을 중심으로
중화민국 유신 정부를 세웠다가
몽강연합 위원회
중화민국 임시정부
중화민국 유신 정부

1940년 3월 국민당 정부의 2인자인 왕징웨이를 내세우고
중화민국임시정부를 합쳐 중화민국 난징 국민 정부로
개편했다.
장제스의 정적으로 충칭을 탈출해 우리에게 온 친구, 아주 이뻐~
일본과의 전면전은 질게 뻔해. 외교적으로 문제를 풀어야 한다는 게 내 생각.

일본 해군은 미국을 주적으로 삼은 반면
육군은 항상 소련을 주적으로 상정했다.
언젠가는 승부를!

특히 관동군은 늘 소련과의 일전을 생각했고,
그런 다음 시베리아 벌판을 우리 땅으로!

소련을 떠보기 위한 분쟁을 일으켰다.
무슨 생각을 하고 있는지,

1938년 7월, 소련, 만주, 조선의 국경이 만나는
두만강 어귀에서 국경선을 문제 삼아 일본군이
소련군을 공격한 것이다.
실력은 어느 정돈지 보자.

결과는 기갑부대와 현대화된 무기를 앞세운
소련군에게
크르르르

패배(하산호전투, 장고봉사건).
어어…
이게 아닌데…
전엔 우리가
이겼는데…

1년이 채 지나지 않은 1939년 5월, 관동군이
재차 도발한다. 이번엔 몽골과의 국경 지대.

규모는 하산호전투 때보다 훨씬 커서 양측 모두
수만 명이 동원되었다.

이번에도 역시 현대화된 소련군 앞에
백병주의를 내세운 일본군이 참패했다
(할힌골전투, 노몬한사건).

소련에겐 실력으로
안 된다는 것이
확인되었고,

중국전선은
헤어나올 수 없는
수렁이 된 상황.

그런데 유럽에서 독일이 프랑스, 네덜란드를
연이어 굴복시키고

영국마저 코너로 몰아넣자

일본은 오래 꿈꿔온 남방행을
실천에 옮기기로 한다.
인도차이나 반도는 프랑스 식민지, 미얀마, 말레이, 인도는 영국 식민지,
인도네시아는 네덜란드, 필리핀은 미국 ……
저들이 정신없는 틈을 타서 싹 다 먹어버리자.
프랑스령
영국령
네덜란드령
미국령

1940년 9월, 동서의 파시스트 국가인
독일, 일본, 이탈리아는 추축국 동맹인
삼국동맹을 결성한다.

그리고 동양의 침략자
일본과

서양의 침략자 독일은
각각 새롭고 보다 큰
전쟁을 준비한다.

1930년대 후반, 우리는

일제는 민족말살정책을 시행하고, 민족혁명당은 조선의용대를, 임정은 광복군을 창설해 맞선다!

대륙 침략을 결심한 일제는 내선일체를 내세우며 한국인들을 억압했다. 중일전쟁 발발 이후에는 국가총동원법을 시행하여 조선의 병참기지화를 가속했다. 국민징용령을 통해 노동력을 징발했으며, 지원병제도를 통해 젊은이들을 전쟁터로 데려갔다. 그도 모자라 많은 여성들을 '위안부'라는 이름으로 끌고 갔다. 민족을 말살하고 한국인들을 일본에 완전히 동화시키기 위한 황국신민서사 암송, 창씨개명, 신사참배, 조선어교육 폐지 등의 황국신민화 정책 또한 강화했다. 적잖은 사람들이 이와 같은 일본의 정책에 동조하고 전향하는 모습을 보이기도 했다.

하지만 이런 억압에도 많은 한국인은 끊임없이 저항하는 모습을 보였다. 기독교, 불교, 천도교, 대종교 등 종교 단체들이 일제의 정책에 반대했고, 언론은 베를린올림픽에서 금메달을 딴 손기정의 사진에서 일장기를 말소하는 방식으로 저항했다. 공산주의 세력도 적색노조운동, 노동자 파업투쟁 등으로 끈질기게 활동했고, 학생들은 독서회를 조직해 민족의식을 고취시켜 나갔다.

국외의 독립운동도 계속 이어졌다. 동북항일연군의 조선인 조직인 조국광복회는 꾸준한 무장투쟁을 벌였다. 특히 김일성 부대는 1937년 국내에 진공하여 보천보를 습격함으로써 일제를 깜짝 놀라게 하는 동시에 동포들에게 희망을 안겨주었다. 이에 일제는 만주의 무장 세력을 탄압하고자 1938년 조선인으로 이루어진 간도특설대를 발족시켰다. 만주군 출신이 중심이 된 이

부대는 이후 독립군 토벌에 앞장섰다.

중국 관내에서도 민족혁명당과 임시정부를 중심으로 독립운동이 계속되었다. 민족혁명당은 내부의 노선투쟁 가운데서도 1938년 조선의용대를 출범시켜 무장투쟁을 시작했고, 임시정부는 오랜 침체를 극복하고 세력을 회복하여 1940년 한국광복군을 창설했다. 두 단체는 경쟁하면서도 협력하며 조국의 독립을 준비했다.

연해주 지역의 동포들에게는 시련이 닥쳐왔다. 일본과의 전쟁을 예상한 소련은 한국인들이 일본의 스파이가 될 수 있다고 의심하여 강제 이주를 결정했다. 동포들은 시베리아 횡단열차를 타고 수십 년간 정착했던 제2의 고향을 떠났고, 보따리 하나에 의지하여 황량한 중앙아시아에 도착했다. 그리고 지원도 없이 차별이 이어지는 상황에서 맨주먹으로 황무지를 개척해야 했다.

소련의 스탈린그라드전투 승리

제2차 세계대전 중 독일에게 패배를 안겨 전세를 바꾼 전투였다. 독소불가침조약을 깨고 소련의 영토로 진격했던 독일군은 스탈린그라드에서 6개월에 걸친 공방 끝에 결국 패배했다. 시가전 형태로 전개된 스탈린그라드전투는 민간인까지 합쳐 200만 명 이상의 사상자를 냈고 인류사에 가장 참혹한 전투로 남았다.

히로시마, 나가사키 원자폭탄 투하

미국은 태평양전쟁에서 일본에게 승기를 잡고 일본 본토까지 공습했다. 미국, 영국, 소련 등은 포츠담선언을 통해 일본의 무조건 항복을 요구했지만 일본은 거부했고, 이에 미국은 당시 막 개발을 마친 원자폭탄의 사용을 결정했다. 8월 6일 히로시마, 8월 9일 나가사키에 원자폭탄이 사상 최초 인류를 대상으로 투하됐다.

	1941		1942	
우리는		임시정부, 대일본 선전포고		조선어학회사건
세계는		아시아·태평양전쟁		스탈린그라드 공방전

1940년대 전반, 세계는 우리는

하와이

진주만 공격

일본이 미국 하와이에 위치한 진주만의 미 태평양함대를 기습 공격해 태평양전쟁의 시작을 알렸다. 미국은 즉각 일본에 선전포고를 하면서 세계대전에 참여했고 미드웨이해전 승리를 기점으로 태평양전쟁의 판도를 바꿔놓았다.

1943 광복군, 영국군과 연합작전 / 카이로선언

1944 조선건국동맹 결성 / 노르망디상륙작전

1945 8·15 해방 / 제2차 세계대전 종전

1940년대 전반, 세계는

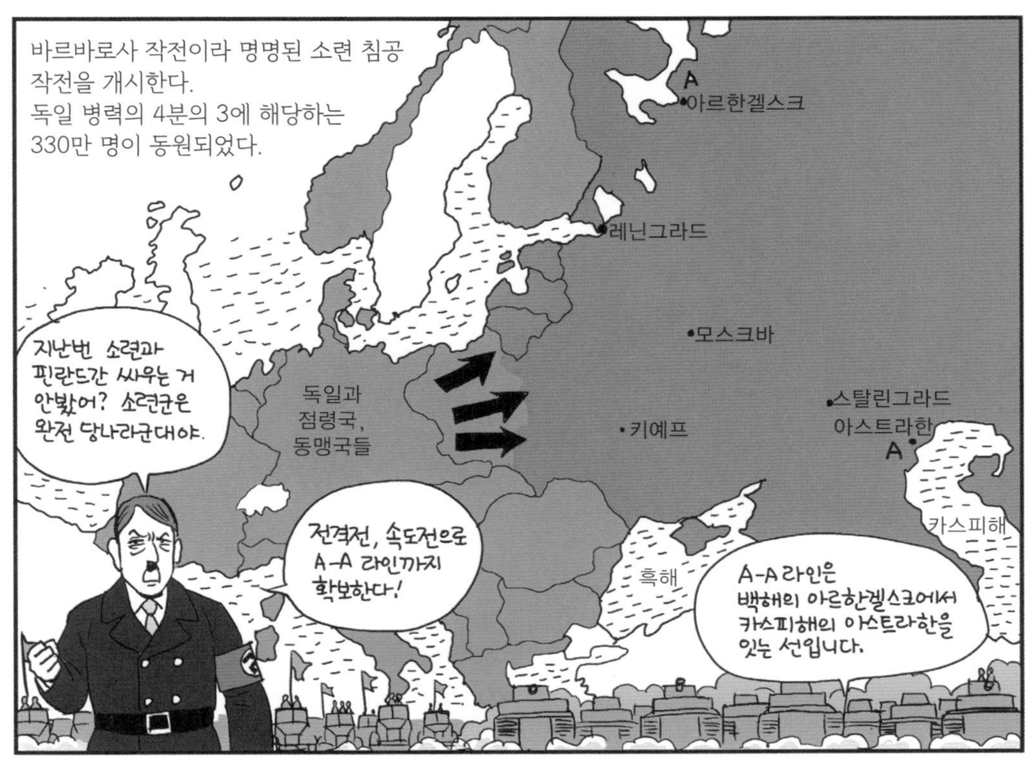

독일의 침공 가능성을 알리는 정보가 속속 들어오고

처칠도 경고했지만

스탈린은 믿지 않았다.

1941년 6월 22일, 독일군이 소련 국경선을 넘었다.

잠에 빠져 있던 소련군을 향해 독일군의 공습이 가해졌다.

개전 첫날에 떠보지도 못한 전투기 1,200대가 파괴되었다.

대비가 안 된 소련군을
독일군은 일방적으로 밀어붙였다.

초기 몇 달 사이 북부집단군은 레닌그라드를 포위하고
중부집단군은 모스크바 100킬로미터 앞까지 진격했으며
남부집단군은 키예프를 점령했다.
레닌그라드
모스크바
키예프

사실 독일과 비교했을 때 소련은 전력 면에서 결코 밀리지 않았다.
우선 두 차례에 걸친 경제발전 5개년계획으로 독일을 능가하는 공업생산력을 이룩했고,
특히나 중공업 우선주의 전략에 기반해 탱크, 비행기의 보유 대수도 더 많았을 뿐 아니라 성능도 빠지지 않았죠.
호! 그러셔
그리고 인구도 우리가 더 많아서 그만큼 병력 수도 우위였고요.

그러나 1937년과 1938년의
대숙청으로 우수한 장교들이
제거돼 효과적인 작전 수행이
어려웠다.
사령관 동지 어떻게 할까요?
마… 막아야지.
어떻게 막을까요?
잘…

이에 반해 독일군은
제1차 세계대전에 대한 연구 끝에
현대전에 걸맞은 전술을 개발했고
실제 전투를 통해 경험을 쌓은
정예의 군대였다.
쿠르르르……

개전 5개월 사이
소련군이 입은 피해는
독일군의 피해를 훨씬 능가했다.
독일군 사상자
70만
<
소련군 사상자
210만
포로도 우리가 훨씬 많이 잡았지. 수틀리면 마구 죽여버리고 ㅋㅋ

그러나 가을장마와
질퍽 질퍽

뒤이은 혹한의 겨울은 독일군에게 불리하게 작용했다.

스탈린은 지하철역에서
당대회를 열고 조국을 위한
항전을 호소했다.
침략자 나치독일로부터 우리의 사회주의 조국을 목숨으로 지켜내자!

독일군이 점령지에서 보인
잔혹한 행태들은

소련인들로 하여 스탈린의 호소에
뜨겁게 호응하도록 해주었다.
조국을 지키자

손실된 병력은 새로 징집된 이들로
메워졌고

여자, 아이 들까지 나서서 참호를 파고
전쟁에 협력했다.

독일군 점령지에선 파르티잔이 조직되어
적잖이 독일군을 괴롭혔다.

그리고 동쪽의 위협인
일본의 움직임에 대한
확실한 정보가 전해지면서
일본은 남방 진출을 사실상 확정지었음. 동부는 안심해도 됨.
음……

대규모의 극동군을 서부전선으로
이동시킬 수 있었다.

이에 힘입어 모스크바를 둘러싼 공방전에서
마침내 소련군이 독일군을 100킬로미터 이상
서쪽으로 밀어냈다.
어떻게 된 거야? 곧 항복할 줄 알았는데 점점 더 세지잖아.
아직도 병력이 저렇게 남아 있었어?

시가전 양상으로 전개된 스탈린그라드전투는

양측 합쳐 200여 만 명의 사상자가
발생했을 정도로 치열했는데,

결국 독일군이 궤멸적 타격을 입고
항복했다.

레닌그라드는 포위된 채 3년에 걸쳐 방어전을 폈고

마침내 독일군을 패퇴시켰다.

이제 전 전선에 걸친 소련군의 반격이 시작되었다.

일본은 진작부터 동남아 쪽의 자원에
눈독을 들여왔다.

1941년 4월 일본은 소련과 중립조약을 체결했다.

독일의 제안에 잠시 고민했지만

어전회의를 통해
다음의 방침을 세웠다.

1. 일본은 당분간 소련 공격에 참가하지 않는다.
2. 미국의 참전을 적극 저지하지만 미국 참전 시 삼국동맹에 기초해 행동한다.
3. 인도차이나 전역의 지배를 확보하고 남방 진출을 계속한다.

이에 따라 프랑스 비시정권과 교섭해
공동 방어 형식으로 인도차이나 진주를
전개했다.

미국이 날카롭게 반응했다.
미국 내 모든 일본 자산을 동결한다!
석유 등 전략자산의 일본 수출 금지!
일본에서 수입하는 석유의 80%가 미국산이었지요.

미국의 조치는 일본에게 중대한
타격이 되는 것이어서 미국과의 전쟁 준비에
박차를 가하는 동시에

다른 한편으론
교섭에 나섰는데
미국의 입장은
단호했다.
다 필요없고 우리의 조치를 되돌리려면 중국과 인도차이나에서 완전 철군하는 것 외에 다른 길이 없어.

결국 교섭론자들이 퇴각하고
주전론자인 육군 대신
도조 히데키가 총리를 겸하게 됐다.

1941년 12월 1일, 어전회의는 미국과의 전쟁을 결정했다.
戰爭!

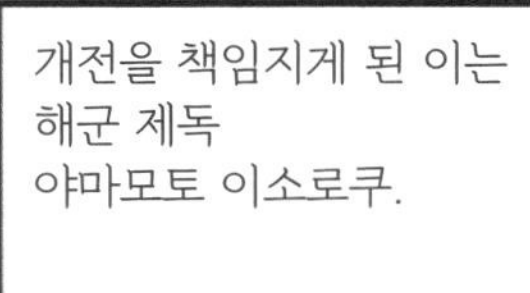
개전을 책임지게 된 이는
해군 제독
야마모토 이소로쿠.

거함거포주의가 주류였던 당시
해군항공대를 육성하고

항공모함에 기반을 두는 항공전을 구현한 인물.

그런데 그는
하버드대학에서 경제학을 공부한 이로
미국의 생산력과 힘을 잘 알았다.
미국의 공업생산력은 우리 일본의 열배. 미국과 전쟁하면 100% 진다.

그래도 해야만 한다면 하와이의 태평양함대를 기습해야 하오.
끄덕

주전론자들도 미국과의 장기전은 어려우리란 걸
알았다. 그들이 내건 전략은 이런 것이었다.
초기 기습으로 승리해서 미국을 평화협상으로 끌어내야.
아시아에서의 우리의 헤게모니를 인정하도록 만드는 거지.
청일전쟁 러일전쟁처럼!

유럽에서 대전이 벌어졌지만
미국은 그동안 직접 참전은
피하고 있었다.

다만 무기대여법을 통해 영국과 소련 등에 무기를
무료 대여하면서 추축국에 대한 반대 입장은
분명히 해왔다.

일본의 움직임도 예의 주시했고,

도발 방지를 위해 1940년 5월 태평양함대를 하와이에
전진 배치했다.

1941년 12월 7일, 태평양함대를 치기 위한 일본의
함대가 북쪽의 먼 길을 돌아 하와이로 접근했다.

그리고 항공모함에서 폭격기가 발진했다.
진주만의 태평양함대에 대한 폭격이
시작된 것이다.

주력 전함 5척이 격침되고, 200여 대의 전투기가 지상에서 파괴되었으며,
2,000명 가까운 미군이 사망했다.

진주만 공격과 동시에
말라야(현 말레이시아)와 필리핀에 대한
공격이 개시되었다.

초기 5개월 동안 일본군이 거둔 성과는 찬란했다.
싱가포르의 영국 해군기지가 함락되었고,

네덜란드령 동인도(현 인도네시아)를
점령했으며

맥아더가 이끄는 미 극동군도
필리핀에서 패퇴시켰다.

버마(현 미얀마)에서도 영국군을 패퇴시켜
중국으로의 보급로를 끊어버렸다. 괌섬, 뉴기니,
솔로몬제도가 차례로 일본군에 점령되었다.
이오섬
마리아나제도
괌섬
마셜제도
솔로몬제도

일본은 이 전쟁을
대동아전쟁이라 부르며
승리에 들떴다.
영미제국주의로부터 아시아를 해방하고 대동아공영권을 건설하기 위한 성스러운 전쟁!
敵性英米擊滅의 날은 왔다!
正義의 太平洋聖戰!
銃後인 必勝의 熱意

그런데 미국의 대응은
일본의 예상을
완전히 빗나갔다.
미국은 즉각
대일 선전포고를 했고,
협상따윈 없어!
일본이 항복할 때까지 전쟁이닷!

미국의 막강한 경제력은
전시 체제로 전환되었다.

무기와 군수품이
급속도로 대량생산되었다.

반전이 있기까지는 오랜 시간이 걸리지
않았다. 미국은 일본의 암호를 해독해
미드웨이 공격 계획을 찾아냈다.
역정보를 흘려 알아냈지.
AF가 미드웨이라는 걸.

항모 4척과 함정 165척을 동원한
대규모 작전이었지만

움직임이 읽혔고 철저히 대비한 미군에게 대패했다.
(미드웨이전투, 1942년 6월)

이어진 연합군의 첫 대공세인
과달카날전투도 6개월에 걸친
공방전 끝에 일본군의 패배로 끝났다.

일본군은 여전히 강했지만 보급품에서 상대가 되지 않았고
무기의 차이도 점점 커져만 갔다.

1943년 1월 모로코의 카사블랑카에서
처칠과 루스벨트는 만나 이렇게 결정했다.

이때까지 독일군은 소련 홀로 담당하고 있었다.

연합군의 대규모 상륙작전은 1944년 6월에야
이루어졌다. 노르망디상륙작전이다.
런던
베를린
파리

동부전선에서 소련군은 거침없이 독일군을
밀어붙여 전세를 결정적으로 바꿔놓았다.
모스크바
바르샤바
비엔나
1943년 1월까지
1944년 4월까지
1944년 8월까지
1944년 12월까지

독일군은 이제 양쪽에서 협공을 받아
후퇴를 거듭해야 했다.

이윽고 소련군이 베를린으로 들어오고
연합군도 독일 역내로 진입했다.

최후까지 싸울 것을 주문하던
히틀러는
후퇴하지마!
죽더라도
거기서 죽어!

소련군이 벙커 가까이
진격해오자
쾅 쾅
타타타!

오랫동안 연인이었던 에바와
비밀결혼식을 올린 뒤

이튿날 동반 자살했다.
1945년 4월 30일의
일이다.

둘의 시신은 사전 명령에 따라
부하들에 의해 불태워졌다.

EXTRA THE STARS AND STRIPES EXTRA

HITLER
DEAD

Fuehrer Fell at CP, German Radio Says;
Doenitz at Helm, Vows War Will Continue

Churchill
Hints Peace
Is at Hand

전쟁을 일으켜 유럽을
온통 전쟁터로 만들고

소련을 침공해
수백만 명의 병사와

1,000만 명이 넘는 민간인을
죽게 했다.

아우슈비츠 수용소를 만들어 수백만(최소 100만 이상) 명의 유대인, 정치범, 소련군 포로를 학살했다.

독일군 수뇌부는 1945년 5월 7일, 연합군을 상대로 항복문서에 서명했다.

이에 앞서 무솔리니는 1943년 7월 연합군이 시칠리아섬에 상륙하면서 실각, 구금되었다.

히틀러가 보낸 독일군 특공대에 의해 구출되고

나치 독일의 괴뢰정부인 망명정부를 세웠다.

그러나 독일군의 패색이 짙어지자 국외 탈출을 기도했는데

반파시스트 파르티잔에게 붙잡혀 총살되었다(1945년 4월 28일).

무솔리니와 그의 연인 클라라 페타치의 시신은 밀라노의 로레토 광장에 거꾸로 매달렸다.

이제 추축국 중
남은 것은 일본뿐.

있는 대로 끌어모아 병력은 크게 늘렸지만

병력 규모의 변화

연도	사단 수	병력수 (만)	지역별 사단 수					
			본토	조선	만주	중국	남방	대만 등
1937	24	95	1	1	6	16	·	·
1940	49	135	9	2	11	27	·	·
1941	51	210	4	2	13	22	10	·
1943	70	290	6	2	15	24	23	
1944	99	420	14	0	9	25	43	8
1945	169	547	58	7	25	26	44	9

미국과 일본의 항공모함, 함재기 보유 수

연도	항공모함		함재기	
	미국	일본	미국	일본
1941	9	10	618	573
1942	16	10	670	376
1943	54	12	2,112	434
1944	89	6	3,513	226
1945	98	6	3,999	226

훗.

가미카제 특공대가 만들어지고

인간어뢰,

옥쇄 전술이 채택된다.

그러나 일본은 연전연패했다.
1944년 6월 사이판에서 지고

10월엔 필리핀에서 패했으며

1945년 2월에는 이오섬에서 패했다.

이어 본토가 코앞인 오키나와에서도
대패했다.

일본군 12만, 미군이 주도하는 연합군 18만이
80일 넘게 벌인 일대 격전이었다.

피해 규모도 컸다. 미군 전사자 1만 4,000명,
일본군 전사자 7만 7,000명.
우리 측 피해가 훨씬 적긴했지만 이정도라면 일본 본토 상륙시엔 수십 만의 희생이 불보듯 …
아무래도 그걸 써야할 듯.

그리고 민간인 희생자가 15만 명에
이르렀다. 폭격으로 인한 희생도 컸지만

세뇌된 민간인들이
짐승같은 미군놈들의 능욕을 받으며 벌레같이 살바엔
깨끗이 죽어 존엄을 지키자!

집단 자결을 택했기 때문이다.
쾅
탕
타타탕

1945년 7월 17일, 처칠, 스탈린, 트루먼이
독일의 포츠담에 모여 포츠담선언을 발표했다.
한마디로, 일본은 무조건 항복하라!

미군 폭격기에 의한 도쿄 공습이 연일
이어져 도시가 불타고 사람들이 죽어갔다.

그래도 일본은 항복을 거부했다.
1억 총옥쇄! 끝까지 싸운다!

이때 미국은 실험에 성공해 원자폭탄 2개를 갖고 있었다.
에놀라-게이라는 애칭을 가진 미 B-29기 전폭기가
히로시마 상공에 폭탄 한 개를 떨어뜨렸다.
ENOLA GAY
82
내 이름은 리틀보이!

반경 1.6킬로미터 이내 모든 것이 파괴되고 히로시마 인구 24만 5,000 중에서 당일에만 10만이 죽었다.

일본은 그래도 항복을 피하고 소련을 중재자로 하여 협상을 하고 싶어 했다.
모시모시 여~ 볼셰비키 동지!
뚜뚜뚜---

일찍이 독일 항복 후 3개월 내에 참전하겠다고 공언한 스탈린은 이미 대규모 병력을 극동으로 이동시켰고

일본의 희망과 달리 1945년 8월 8일, 대일 선전포고로 응했다.
소련 정부는 일본과 전쟁 상태에 들어감을 선언한다!

직후 나가사키에 두 번째 원자폭탄 '팻맨'이 투하되었다.

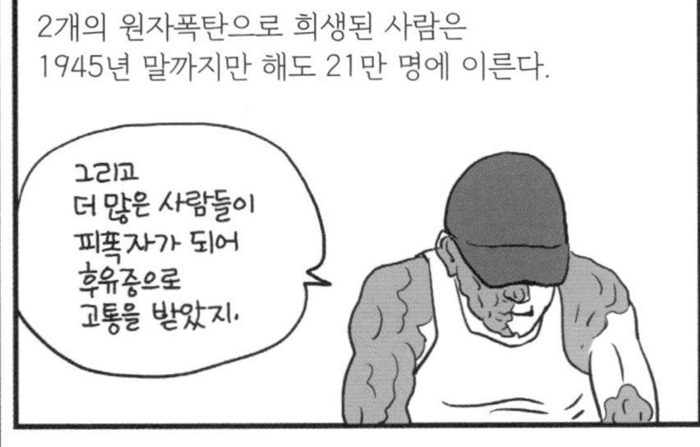
2개의 원자폭탄으로 희생된 사람은 1945년 말까지만 해도 21만 명에 이른다.
그리고 더 많은 사람들이 피폭자가 되어 후유증으로 고통을 받았지.

그리고 이때 희생된 조선인도 4~5만 명으로 추산된다.
追悼
1945.8.9
나가사키의 한국인원폭희생자 위령비

소련군은 관동군을 격파하면서 물밀듯이
만주로 밀려들었다.

나가사키에 원폭이 투하된 날 어전회의에서는
항복 여부를 두고 격론이 벌어졌다.
항복 3, 결사항전 3.

천황이 항복 쪽 손을
들어주었다.

일본 정부는 연합군에 요구했다.

천황폐하의 특권을 손상시키지 않는다면 연합국의 조건을 받아들이겠소.

미국이 답했다.

8월 14일, 일본이 조건 수락을 연합군 측에 알리고
8월 15일, 히로히토 천황이 항복선언으로 알려진
이른바 '옥음 방송'을 내보냈다.

1940년대 전반, 우리는

친일파들의 반역 행위가 만연한 가운데,
우리 민족의 부단한 항일투쟁 35년은
그 끝을 향해간다!

1931년 만주를 침략하고 1937년 중일전쟁을 일으킨 일제는 침략 전쟁을 향한 달음질에 더욱 박차를 가했다. 미국이 일본 경제에 제재를 가하자 1941년 하와이 진주만을 기습하면서 태평양전쟁을 일으켰고, 대동아공영권 건설의 허울에 빠져 동남아시아까지 침략했다. 이제 일본은 모든 것을 침략 전쟁에 쏟아 붓기 시작했다.

조선 총독은 한국인을 침략 전쟁에 동원하기 위해 내선일체를 내세우며 천황의 충성스러운 신하가 될 것을 강요했다. 물론 그렇다고 한국인들을 차별 없이 동등하게 대우한 것은 아니었다. 그들에게 한국과 한국인은 단지 전쟁 물자를 동원하기 위한 병참기지일 뿐이었다.

전시 경제와 전시 생활 속에서 한국인들은 점점 궁핍해졌다. 일제는 10호를 기준으로 하는 애국반을 만들어 한국인을 감시했다. 궁성요배와 황국신민서사 암송이 강요되었고, 군국주의 영화를 감상해야만 했다. 식량 배급제가 시작되면서 한국인은 늘 배가 고팠다. 그나마 애국반 반장의 도장이 없으면 배급을 받지 못했다. 장발이나 파마가 금지되었고 여성들은 '몸뻬'를 입어야 했다. 모든 것이 전시 총동원 기구의 통제 아래 있었다.

일제는 전쟁이 장기화될수록 인적 수탈에 집착했다. 지원병제가 원하는 효과를 거두지 못하자 징병제를 실시해 청년들을 전선으로 끌고 갔다. 학도병제를 통해 어린 소년들까지 총알받이로 내세웠다. 강제징용도 이루어졌는데, 거짓말에 의한 사기, 지역 할당, 현장 연행 등 조선총독부의 강제적인 정책 수행 방식을 통해 개인의 의사에 반하는 방식으로 진행되었다. 이렇게 동원된 인원은 1939년부터 1945년까지 약 200만 명에 이르는 것으로 추정된다. 이렇게 강제징용된 여성 가운데 상당수는 일본군 '위안부'로 끌려가 육체적, 정신적 고통을 받았다. 일제의 반인륜적 범죄였다.

친일파들은 이러한 일제의 정책에 자발적으로 봉사했다. 내선일체만이 한국인이 살길이라고 선전하며 많은 청년을 전쟁터로 내몰았고, 광산 등으로 끌려가게 했다. 그들 가운데는 이미 국권피탈에 동조해 작위를 받은 귀족들이 있었으며, 조선총독부의 관리로 일하는 사람들도 있었다. 일본 육사 출신들과 만주군관학교 출신들은 직접 총을 들고 독립운동가를 탄압했다. 그리고 문학, 연극, 영화, 무용, 미술, 음악, 여성, 교육, 언론, 종교 등 각계를 대표하는 명망가들이 자신의 재능을 활용하며 앞다퉈 부역했다. 그들에게 해방은 단지 이루어질 수 없는 꿈에 불과했다.

그럼에도 많은 이가 끝까지 싸웠다. 노동자와 농민은 드러내지 않는 방식으로 일제에 저항했고, 청년 학생들은 계속 몰래 모여 해방의 길을 모색했다. 학병과 징용으로 끌려간 이들은 탈출하는 것으로 투쟁했다. 국외에서는 임시정부와 광복군이 일본에 선전포고했고, 조선의용군은 중국 공산군과 함께 일본과 싸웠다. 김일성 그룹은 소련에서, 이승만과 재미 한인 세력은 미국에서, 여운형은 국내에서 조용히 해방을 준비했다.

우리의 해방은 이러한 끊임없는 투쟁과 독립에의 의지가 이룬 성과였다. 하지만 연합군에 의한 일본의 항복으로 해방이 찾아온 것 또한 분명한 현실이었다. 이제 조국의 운명은 미국과 소련에게 달려 있었다. 패망한 일본은 온전히 유지되고, 해방된 한국이 도리어 분단의 아픔을 겪는 역사의 아이러니가 기다리고 있었다.

35년 | 세계는 우리는

박시백 글 · 그림

초판 1쇄 발행일 2020년 8월 15일
초판 2쇄 발행일 2024년 1월 12일

발행인 | 한상준
편집 | 김민정 · 강탁준 · 손지원 · 최정휴 · 김영범
디자인 | 김경희 · 조경규
마케팅 | 이상민 · 주영상
관리 | 양은진

발행처 | 비아북(ViaBook Publisher)
출판등록 | 제313-2007-218호(2007년 11월 2일)
주소 | 서울시 마포구 월드컵북로 6길 97(연남동 567-40)
전화 | 02-334-6123 전자우편 | crm@viabook.kr 홈페이지 | viabook.kr

《35년》 편집위원
차경호(경혜여자중학교 역사 교사)
김정현(김해고등학교 역사 교사)
김종민(은양중학교 역사 교사)
남동현(충남기계공업고등학교 역사 교사)
문인식(충남기계공업고등학교 역사 교사)
박건형(대전만년고등학교 역사 교사)
박래훈(순천별량중학교 역사 교사)
오진욱(상당고등학교 역사 교사)
정윤택(서라벌고등학교 역사 교사)